中外文化文学经典系列

U0456953

导读与赏析

匆匆

主编／常汝吉　李小燕

编者／吴钟铭

现代教育出版社

Modern Education Press

图书在版编目（CIP）数据

《匆匆》导读与赏析 / 吴钟铭编 . —— 北京 : 现代教育
出版社 , 2019.1
　（中外文化文学经典系列 / 常汝吉 , 李小燕主编）
　ISBN 978-7-5106-7015-2

　Ⅰ . ①匆… Ⅱ . ①吴… Ⅲ . ①阅读课 – 中学 – 课外读物
Ⅳ . ① G634.333

中国版本图书馆 CIP 数据核字 (2019) 第 007630 号

《匆匆》导读与赏析

主　　编	常汝吉 李小燕
出 品 人	陈　琦
选题策划	王春霞
本册编者	吴钟铭
责任编辑	刘兰兰 曾亭元
装帧设计	赵歆宇 钟小明
出版发行	现代教育出版社
地　　址	北京市朝阳区安华里 504 号 E 座
邮　　编	100011
电　　话	（010）64251036（编辑部）
	（010）64256130（发行部）
经　　销	全国新华书店
印　　刷	北京飞达印刷有限责任公司
开　　本	710mm × 1000mm　1/16
印　　张	11.5
字　　数	200 千字
版　　次	2019 年 7 月第 1 版
印　　次	2019 年 7 月第 1 次印刷
书　　号	ISBN 978-7-5106-7015-2
定　　价	29.80 元

编 委 会

把灵魂滋养成晶莹剔透的水晶

——《中外文化文学经典系列》总序

每日里繁忙的学习工作、生活琐事，仿佛让我们心灵蒙上了一层厚厚的积垢，压得人喘不过气来。只有夜深人静之时，在桌前摊开一卷引人入胜的好书，心随书中的主人公一起，遨游在另一个世界中，才得以享受片刻的安宁。趁着这静谧的夜，我们的灵魂从容地沐浴着文学的菁华，慢慢地浸染、陶冶，终将滋养成一块晶莹剔透的水晶。

这就是经典名著的魅力——润物无声，如静水流深，温柔而有力量。

一、何谓经典

《现代汉语词典》上说，"经典"就是"传统的具有权威性的著作"。所谓传统，就是经过了历史的大浪淘沙，从千万著作中脱颖而出。经典作品往往通过作家个人独特的世界观和不可重复的创造，凸显出丰厚的文化积淀和人性内涵，提出一些人类精神生活的根本性问题。它们与特定历史时期鲜活的时代感以及当下意识交融在一起，富有原创性和持久的震撼力，从而形成重要的思想文化传统。

经典的文学作品一般具备以下四个特征：

首先，作品关注的是人类的终极问题，主题直击人性。就像《呐喊》直击民族性格的劣根性，《巴黎圣母院》用四个主人公来探讨外在美与心灵美的四种不同组合……经典的文学作品因其主题的跨时空性，而深受不同时期、不同民族的读者的喜爱，在时间的淘洗下历久弥新。

其次，经典作品的人物形象大多塑造得鲜活丰满，立体而有层次感。《三国演义》中的曹操，虽性情奸诈，但他一统天下、造福百姓的理想和抱负，又令人不得不钦佩。他既有礼贤下士的胸怀，又有借刀杀人的果决，还不乏对酒当歌的豪迈。他的性格多元化，是一个有血有肉、立体丰满的"典型"。

第三，经典作品的情节大都起伏跌宕、扣人心弦。《红楼梦》叙事宏大而巧妙，四大家族的命运、几百个人物的生活经历，以草灰蛇线、伏脉千里的形式，若隐若现，却又清晰可循。

第四，经典作品的笔触细腻，即便是环境描写，也无一处是闲笔。《雷雨》中暴风雨前压抑的气氛，为繁漪面对周朴园时的痛苦、与周萍的感情纠葛营造了绝佳的呈现背景。

二、为什么要读经典

经典文学名著虽然有诸多优秀基因，然而在资讯发达的今天，微信、微博、文化快餐比比皆是，连纸媒的生存都举步维艰，还有多少人能静下心来，读这些大部头的作品呢？甚至，有不少人质疑，今天读经典名著的意义何在？

愚以为，读经典可以让我们在这个喧嚣浮躁的时代，回归安静的思考。当今信息的碎片化，导致读者往往急于了解故事情节，缺乏深度思考，甚至简单片面地看待问题，妄下定论。而潜心品读经典文学作品，细细揣摩作品人物所承载的人性的真善美和假恶丑，会让我们看人、看问题更加全面深入，也让我们自己的灵魂丰盈、闪闪发光。

三、如何阅读经典

经典是在阐释者与被阐释文本之间互动的结果。正所谓"一千个读者心中有一千个哈姆莱特"，各个时代不同读者的解读，共同构成了经典作品独特而丰富的内涵。有些甚至形成了一种专门的学问，就如中国有"红学研究会"，英国有"莎士比亚研究会"一样。中学生阅读经典文学作品，除了自己用心揣摩原文之外，还应该多了解前代读者共性化、多元化的解读。只有这样，才能对作品有更全面的、多角度的理解。这也是我们编选这套丛书的目的——帮助初读经典的中学生们迅速入门。编者在选编文章时有意识地收录同一问题的各家之言，形成争鸣，让学生直观地感受到对于经典的一般认知和个性化解读共存。

让我们在前人的引领下，冲出迷雾，走入辉煌的文学殿堂，感受大师的风采，细品精美的文字所蕴含的丰厚内涵。

捧读经典，打开启迪心智之门

中学时代，是一个人一生中重要的成长阶段。

成长需要阳光雨露、需要呵护与培育，因此，中学时代除了要完成学校课堂作业以外，课外阅读无疑是"雨露滋润"不可或缺的。课外阅读，不仅能让中学生启迪心智、开阔视野、积累知识，而且还是加强人文修养、提高综合素质的重要途径。

习近平总书记可以说是博览群书的楷模。他对读书有自己的独到见解，他说过：我年轻时读了不少文学作品，涉猎了当时能找到的各种书籍，不仅其中许多精彩章节、隽永文字至今记忆犹新，而且从中悟出了不少生活真谛。

读书固然重要，但读什么书更是关键。在浩如烟海的书籍中，中外经典名著无疑是书海中的璀璨明珠，是人类智慧的结晶。因此，读书就要读经典名著。从大量中外名人的成长经历中，我们知道阅读经典名著对他们所起到的重要作用。经典名著可以说是架起青少年与人类代代相传美好传统的心灵桥梁，通过对经典名著的感悟从而形成良好的语言与文字直觉，对提高青少年的表达理解能力更是大有裨益。

习近平总书记指出："文艺深深融入人民生活，事业和生活、顺境和逆境、梦想和期望、爱和恨、存在和死亡，人类生活的一切方面，都可以在文艺作品中找到启迪。文艺对年轻人吸引力最大，影响也最大。"

现代教育出版社根据中央关于"推广群众阅读活动"的精神，结合中学生的成长特点，经过与专家学者的反复研究及听取一线教学老师的建议，精心选编了这套《中外文化文学经典系列》丛书。

打开这套书，读者会走近一个个文学巨匠、走进一篇篇文学名著，真切地感受经典。从《红楼梦》到《边城》，从《红岩》到《平凡的世界》，你会得到许许多多的人生感悟；会懂得许许多多做事和做人的道理；你会领悟到面对困境，要勇于拼搏、奋斗的精神……

跟其他文学经典选读本不同的是，这套丛书具有贴近中学生身心成长的实用性，它着眼于对中学生心灵的净化和思想品质的培养。这种文学名著的陶冶，能使世界观正在形成期的中学生，在文学的浸润中，得到正能量的潜移默化。所以说，此书的编者力求以多层面、多视角来培养学生用发散的思维理解这些经典名著。

读书的真谛是什么，只有在捧读经典中才能感悟。相信每个阅读这套丛书的读者，会在阅读中拉近跟名家的距离，从中得到许多历史文化知识，感知生活的真善美。一个人在成长的道路上，也许会对"心灵鸡汤"感到厌烦，但经典文学名著会打开另一扇启迪心灵之门，让你在寒冬里感受到春风，在黑暗中看到光明，在迷茫中发现希望。这种阅读的妙趣，也只有通过阅读才能体会到。

开卷有益。相信您会喜欢这套丛书的。

名著，还可以这样导读

名著阅读，一直是常说常新的话题。伴随着名著阅读的，自然还有各种导读应运而生，这些导读有些是名家名师的批注，有些是编者的一家之言的赏析，更有甚者，以应试为导向的敲骨吸髓式碎片化阅读。这些导读，"乱花渐欲迷人眼"，特别是那种纯应试的导读，已经退化成教辅材料了。从某种角度而言，这反而在加重学生的阅读负担。

时至今日，经典文学名著中绝大多数的作品和我们的生活已经渐行渐远。学生也好，老师也罢，很多人对于阅读名著总是望而生畏。尽管叔本华说，"没有什么比阅读古典名著更能使我们神清气爽的了。只要随便拿起任何一部这样的经典作品，读上哪怕是半个小时，整个人马上就会感觉耳目一新，身心放松、舒畅，精神也得到了纯净、升华和加强，感觉如饮山泉。"但是，并非所有名著都会让读者"马上就会感觉耳目一新"，也并非所有人都有叔本华的灵气和才情。因此，阅读名著的可取姿态是：可以直接面对名著本身，但不要期望真的就能够读懂。读不懂时，不要硬读。最好为自己寻找一个有品位的遥远的精神导师，跟随这个遥远的精神导师去理解名著背后的"隐微教诲"。经典名著是矗立在你面前的一个巨人。初学者需要对经典名著式的巨人保持必要的敬畏感，同时，找一把"梯子"使你能够爬上巨人的肩膀。现代教育出版社的《中外文化文学经典导读与赏析》丛书就是这样一把能让你爬上巨人肩膀的"梯子"。丛书独辟蹊径，以公开发表的专业名著研究的文献为主要来源，通过分类汇编的专业编辑手法，分门别类为你提供阅读名著的别致"梯子"。

长期以来，经典名著的阅读教学一直沿用传统的接受式学习法、文章学教学法，教学方法单调，教学程式沉闷，重知识传授，轻能力培养，教学效率不高。

学生对经典名著处于一种冷落、疏远的状态,经典文学作品的教学亟需变革。2017年《普通高中语文课程标准》修订中也积极倡导任务群的学习方式,这种方式,本质上是带着"任务"与"问题"研究性学习的方法去研读经典名著。因此,在经典名著阅读教学中开展研究性阅读,是一种有效的提升经典名著作品阅读效率的途径。

在研究性阅读中最需要的是专业文献资源作为"路标",为名著阅读指路。因为以研究性阅读方式去读名著,阅读之前最好先有自己的问题和假设,然后,带着自己的问题和假设去阅读。如果读者事先没有自己的问题和假设,则需要在阅读名著之前先阅读与名著有关的文献,在这个阅读的过程中需要处处留意,随时提出自己的问题和假设。一旦读者带着问题和假设去阅读文献,读者就不会陷入名著阅读的庞杂与混乱之中。

带着自己的问题和假设去面对名著导读的文献,也许会因为"先入为主"而误解文本。但是,任何阅读都不可避免地带有读者自己的偏见(或前见)。而且,阅读中最值得警惕的倒不是"先入为主",而恰恰是"六神无主"。如果读者头脑空空、呆头呆脑、无所知地面对文本,那才是最可怕的。所以,在阅读经典名著前,我们需要有一位导师,引导我们避免浅浅的了解表层内容的阅读,帮助我们建立一个阅读的视角。丛书中撷取的许多解读篇章,就有这样的作用,就像一位优秀的阅读导师,启发你理解作品,却并不包办一切。

《中外文化文学经典导读与赏析》丛书避免了单纯的了解性阅读,把选择文献的标准定在作为理解性阅读的支架资源。这样,在名著阅读的跋涉之旅中就有了可靠的"路标"指南,也有了可以登上巨人肩膀一览天下的"梯子"。因此,丛书的定位不是取代名著的阅读,而是通过质量可靠的专业解读指向名著,又并非名著本身。这些解读类似"以手指月"的禅意:不要看手指,要看向月亮。皎洁的月亮悬挂在茫茫的夜空中。

名著导读是一项系统工程,教师需要遵循计划性、理论性、常规性和实践性的原则,将学生的名著阅读活动纳入自己的语文教学中,使名著阅读真正发挥提高学生人文素养和专业素养的巨大作用。就这一点而言,本丛书的内容其实更有利于语文教师文本解读能力的提升。在语文老师的专业活动中,其实最缺乏的就是对文本解读的技术支持。犹如建筑高楼，空有美好的设计，却不知从哪里铸造基石，那么我们造出来的永远是空中楼阁，看着美丽，却虚幻无比。丛书遴选的解读作品对于语文教学的意义也在于此，相比国内许多文本解读的书籍而言，这套丛书就像是一位优秀的导游，恰到好处地讲解，却让你依旧徜徉在名著的风景里，不至于兴味索然。

曾有诗云："苦于跋涉的人类，应该感谢桥啊。"也许，用于现代教育出版社的这套《中外文化文学经典导读与赏析》丛书，是最贴切的。

让经典著作文学作品更好地发挥其精神哺育功能，让学生在研究性阅读过程中学会自主提出问题，学会解决问题，培养能力，张扬个性；让语文教师在指导名著阅读过程中，提高自己的专业素养，增进职业幸福感。

这，是我们编者的最大心愿。

这，也是《中外文化文学经典导读与赏析》丛书最大的价值。

本书编写组
2019 年 1 月

目 录

经典回放·作品简介

　　朱自清的散文《匆匆》写于1922年3月28日，时是"五四"落潮期。时势不断给作者以失望，但是他在彷徨中并不甘心沉沦，他站在他的"中和主义"立场上执着地追求着。他认为："生活中的各种过程都有它独特的意义和价值——每一刹那有每一刹那的意义与价值！每一刹那在持续的时间里，有它相当的位置。"因此，他要"一步一步踏在泥土上，打下深深的脚印"，以求得"段落的满足"。全文在淡淡的哀愁中透出诗人内心不平的低诉，这也反映了"五四"落潮期知识青年的普遍情绪。

　　《匆匆》是诗人的感兴之作。由眼前的春景，引动自己情绪的俄然激发，诗人借助想象把它表现出来。诗人把空灵的时间、抽象的观念，通过现象来表示，而随着诗人情绪的线索，去选择、捕捉那鲜明的形象。他的情绪也随着时间从无形到有形，从隐现到明晰而呈现出起伏的浪花。

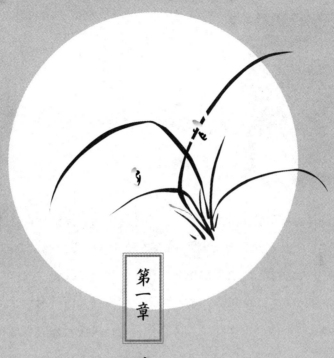

第一章

清隽沉郁·作家印象

作者小传

朱自清（1899 — 1966）

  原名自华，号秋实，后改名自清，字佩弦。原籍浙江绍兴，生于江苏东海，因祖父、父亲定居扬州，故自称扬州人。幼年入私塾，1912 年进中学，1920 年毕业于北京大学哲学系。熟悉中国传统文化，亦较早接受"五四"新思潮熏陶，为进步文学团体"文学研究会"早期成员。1919 年始写作新诗，是现代文学史上最早的诗刊《诗》的编者之一。其诗作分别收入文学研究会八位诗人的合集《雪朝》第一集及其诗文集《踪迹》（亚东图书局，1924）中。

  大学毕业后，朱自清曾到江浙几所中学任教，从 1925 年起任清华大学中文系教授，创作上转向以散文为主。散文集《背影》（开明书店，1928）出版后，即成为"五四"以来最有影响的散文作家之一。这一时期的散文不乏揭露黑暗现实之作，或抨击军阀的暴行与帝国主义的罪恶，或表现对被压迫者、被迫害者的真诚同情，显示了他反帝反封建的民主主义思想、爱国主义热情和正直诚实的性格。但在艺术上影响更大的则是一些叙事写景、抒情言志的篇章，或记叙家庭生活、亲友情谊，或侧重记游写景、借景抒情，其文字风格不一，而均注重写法上的"漂亮和缜密"，曾被誉为"美文"的模范，在当时起到了"对于旧文学的示威"作用（鲁迅《小品文的危机》）。1931 年至 1932 年间留学英国并漫游欧洲，后辑成两部游记《欧游杂记》（开明书店，1934）、《伦敦杂记》（开明书店，1943）。其描述异国风光习俗、介绍欧洲文化艺术，考察细致独到，文笔舒展。散文集《你我》（商务印书馆，1936）亦保持了与前作风格的一致并更趋于成熟。

  抗战全面爆发后，他随清华大学南下昆明，任西南联合大学中国文学系主任，在艰苦的环境中从事教学与文学研究，多有著述。抗战胜利后积极参与爱国民主运动，曾不顾个人安危，毅然出席成都"李公朴、闻一多惨案追悼大会"。1946年10月回北平，仍执教于清华大学。其间出版的杂文集《标准与尺度》（文光书店，1948）、《论雅俗共赏》（观察社，1948），显示出思想的演变与视野的开阔。在反饥饿、反内战的斗争中，始终保持着爱国知识分子的高尚气节和可贵情操。因贫病，于1948年8月21日逝世。

朱自清一贯主张创作要本着"求诚之心"，"如实描写客观事象"（《文艺的真实性》），同时需细加感受、融入个性，"虽只一言一动之微，却已包蕴了全部的性格；最要紧的，包蕴着与众不同的趣味"。他的散文，最以绵密醇厚的情致感人，并注重缜密自然的构思，擅长诗情画意的写景，文字由优美典雅转向质朴清峻，且富于口语韵味。叶圣陶曾指出，讲授中国文学或编写现代文学史，"谈到文体的完美，文字的会写口语，朱先生应该是首先被提及的"（《朱佩弦先生》）。

朱自清一生著述近30种，大部分收入开明书店出版的《朱自清文集》（1953）中，另有《朱自清选集》（1951）、《朱自清诗文选集》（1955）、《朱自清古典文学专集》（1981）等。

‖作品来源‖
《烟台师范学院学报》（哲社版）1991年第2期。

论朱自清散文的艺术美

李爱梅

导 读

　　朱自清的散文清新朴实，取材广泛，既有反映社会人生的写实作品，又有叙写身边琐事、个人见闻的抒情作品。其风格独特，自成一体，许多作品成为脍炙人口的经典名篇。这些作品细腻华美、婉转清新，从内容到形式都给当时的文坛带来一股清新的风气。朱自清的散文既是优美的艺术品，又展示着崇高的人格魅力，不仅具有丰厚的思想内涵，更重要的是以极高的艺术价值在中国现代文学史上树起了一座不朽的丰碑。

　　文学艺术是语言的艺术。朱自清先生是散文大家，也是语言艺术大师，他以大家之笔写景状物，叙事抒情，着实让人佩服其高超的驾驭白话语言的能力。朱自清先生的散文中呈现出缜密构思之美、诗情画意之美和质朴含蓄之美。我们坚信，不论时光如何流转，朱自清和他的散文艺术精品，一定会在中国文坛光彩熠熠。

⊛ 一、缜密构思之美

　　结构作为形式美的主要因素，是为表现作品的主要思想内容服务的。如散文《春》的写作顺序可以理解为"盼春"—"绘春"—"赞春"。其中，"绘春"是文章的主体部分。这样的分析简洁而明晰地点出了《春》的结构特点。于是，全文的结构可以表示为:盼春—绘春("春草图""春花图""春风图""春雨图""迎春图"等五幅图景）—赞春。"春"是全文的中心，也是全文的线索脉络。在《春》这篇散文中，作者通过情感的深层表达，很好地实现了内容和形式的完美统一。

再如，著名作品《背影》，全文以"背影"为主线，字里行间不仅处处刻画"背影"里的父爱，还时时寄托对父亲的思念。主要表现为两点：一是父亲对儿子仁慈的至爱；二是儿子对父亲无限眷恋的深情。文章对所有材料进行了艺术性的处理和安排，把父子之爱、人间亲情，表达得十分纯真、动人，以此突出主题思想。

🌀 二、诗情画意之美

大凡有艺术才能的作家，都善于运用具体形象的描述、生动传神的刻画、方法各异的修辞来使作品具有艺术表现力和感染力，也让读者从作品中感受到诗情画意之美。朱自清先生便是这方面的专家，他的写景抒情散文更多呈现出形象美、绘画美和意境美。他善于在奇思妙想中创造千姿百态的画面，把读者引入如诗如画的境界，获得无穷无尽的享受。因而朱自清的写景抒情散文，与诗画有异曲同工之妙。

（一）形象美

作家要想塑造出鲜明生动的形象，就必须对语言艺术进行加工锤炼，以最准确的文字反映事物的形态。朱自清先生就是这样一位杰出的语言大师，凭借超凡的语言艺术为我们刻画了诸多栩栩如生的形象。日常口语经他文笔的加工，读来别有韵味，作品中的自然景物经他修饰润色之后，也具有了别样的形象美感。

例如，《白水漈》中有这样一句："我所以猜疑，或者另有双不可知的巧手，要将这些影子织成一个幻网。——微风想夺了她的，她怎么肯呢？"风本是无形的，影子也不可捉摸，但作者却把风吹飞瀑所形成的飘忽不定的样子，说成是"微风用手挽着影子"，把风停烟聚说成是"像橡皮带儿似的""服服帖帖地缩回来",或者是另有双巧手"要将这些影子织成个幻网"。作者用"挽""缩""织"等词,将无形的东西有形化,将无情的事物拟人化,惟妙惟肖地描绘了又薄又细的瀑布被微风吹起的奇异景象,给人以鲜明的形象感。

(二)绘画美

古人有"诗中有画,画中有诗"的美谈。《桨声灯影里的秦淮河》一文中,秦淮河的天光、水色、月影、灯火、树姿在朱自清的细腻描绘下,显得很有层次感和质感,使读者仿佛置身于一幅五彩的画面中。在描写秦淮河上的大船时,对家具、大理石、玻璃及光影等,都用了特具色彩的词语来形容勾画,这些文字读后确实给人一种视觉上的绘画美。加之文章结构完整缜密,水、月、灯是描写的中心,使全文充满了诗情画意。读散文《春》时,仿佛置身于百花争奇斗艳的春天,又仿佛在品赏一幅色彩明丽的水彩画。作家笔下的画面立体性和动感性都很强,具有时空感,这在任何一幅静止的画面中都是很难表现的,充分体现了朱自清散文语言艺术的魅力。

(三)意境美

意境,指的是在文学作品里将美好的自然景色与作者的思想感情融为一体,而达到的一种艺术境界,可以是"诗眼""文眼"所在。清人王国维在《人间词话》中谈到,境界"作为艺术的最高追求","有境界则自成高格,自有名句"。境界是"物"与"情",即主观与客观的相互渗透、和谐统一,从而构成艺术上的"意境"。唐朝著名诗人王维的山水诗名篇——《山居秋暝》,通过对雨后秋天景物的生动描绘,在诗情画意中寄托了诗人高洁的情怀和对理想境界的追求。尤其是诗中几个动词的运用,明净自然,准确传神,对全诗意境的构成起着一字落下而境界全出的作用。

朱自清在《荷塘月色》中,正是用饱满真挚的情感笔触、清新秀美的文字,描绘出一幅诗意浓郁的"月下荷塘""塘上月色"交相辉映的"荷塘月色图"。作者把荷塘月色与自己心中淡淡的喜悦和悲哀有机地糅合在一起，使之情景交融，从而形成了意境幽美深远、感情真挚浓烈的独特风格。而《匆匆》的格调委婉、流畅、轻灵、悠远，是一篇精美的散文诗。朱自清以《匆匆》为题来抒写自己对虚度时光感到惋惜和无奈。文章开头点出题眼，题目本身蕴含着浓厚的情味，又潜藏着生活的理趣。文章中连用三个排比句，把燕子、杨柳和桃花与我们的"日子一去不复返"相关联，使人深感时不我待。"时间"在作者的笔下被诗化了，吃饭、洗手、睡觉都觉得时间匆匆溜过。这里，对时间的描写具有了可感性，叠字的巧用也赋予了语言诗歌的节奏美，深深吸引着不同时代的读者。

三、质朴含蓄之美

李广田在谈到朱自清的散文时提到："朱自清的作品一开始就建立了一种纯正朴实的新鲜作风。"朱自清在中期的散文创作中，一改往日的借景抒情。因为圣洁美好的东西在黑暗的现实中，实在是既看不见又找不到，于是，他的内心开始变得荒芜。他的"梦"之国与"爱"之国是他用心编织的，所以只好用文字来倾诉人世间最朴实的亲情和最珍贵的友情，这些皆是作者的真切见闻与独到感受。如《背影》中写为儿子送行，四次重点描述父亲的"背影"。

第一次，"我不能忘记的是他的背影"，这里的背影是虚写，写出作者怀念父亲，惦记背影。第二次，"这时我看见他的背影"，这里的背影是实写，望父买橘，刻画背影。第三次，"等他的背影混入来来往往的人里"，这里的背影也是实写，父子分手，惜别背影。第四次，"又看见那肥胖的、青布棉袍黑布马褂的背影"，这里的背影是虚写，别后思念，再现背影。

文章质朴简约，从不刻意雕饰，字里行间中渗透着无限深情，充分表达了父爱子和子爱父的深情，极其感人。不仅写出了作者的生活感受，还写出了真情、写出了情致。因而，给人以性情的陶冶，增进人们对天下父母心的理解。

综上所述，朱自清散文的艺术美，主要体现在缜密构思、诗情画意和质朴含蓄三个方面，彰显了朱自清非凡的人格魅力和艺术造诣，是中国散文史上不可多得的艺术瑰宝。同时，朱自清用白话文写出了散文精品，这也是其作为一位语言大师对现代汉语的重大贡献。此外，朱自清的散文中还蕴含着更多丰富的宝藏，有待广大青年深层挖掘，探求其创新思想，并学会用先进的创作理念来装点当代的文学殿堂。

‖作品来源‖

《开封教育学院学报》2018 年第 8 期。

朱自清散文的华美

谢廷秋

导 读

朱自清散文的语言具有美感特征。朱自清好用叠字、叠词来增添作品的韵味，他所用的叠音词，不仅使自然景色具体而丰富，主观之情易于传达，而且音韵铿锵，旋律动听，节奏鲜明，给人一种声情并茂的音乐美享受。

朱自清是一个有独特风格的散文作家。朱自清的艺术风格有精雕细刻、浓墨重彩的华美和轻灵，也有白描写意的朴素和深沉。但是在众多研究朱自清散文的文章中，我们发现研究者大多只注意到朱自清散文朴素美的一面，而忽视了朱自清散文华美的一面。杨振声先生在《朱自清先生与现代散文》中认为朱自清的散文"风华是从朴素出来，幽默是从忠厚出来，腴厚是从平淡出来"，基本上能够代表众多研究者的观点。但是，总览朱自清散文，朴素美并不能概括其全部，尤其是他的写景记游散文，更显出精雕细刻的艳丽，具有绮丽纤浓的华美。因此，从华美的角度去探讨一下朱自清的"美文"，无疑更能加深对朱自清散文艺术风格的理解。

艺术美的创造是按照艺术美的规律进行的，朱自清的记游写景散文之所以是美文，就是因为作家是按照艺术美的规律来创作的。朱自清先生是一位学贯中西的大学者，他虽然不是一个美学理论家，但在美学上却有相当的造诣，对于美的形式和内容的统一，他有着独到的见解，特别是他的光辉的艺术实践所体现的美学思想，更是瑰丽夺目。早在 1925 年朱自清就说过，"美若是一种价值，人格若是建筑于价值的基石上，我们又何能排斥那'体态的美'呢"（《女人》）。由此可见，他不仅非常注重内容的美，而且也非常注重形式上的美。朱自清的美学思想是贯穿在他的整个艺术实践中的。郁达夫在《中国新文学大系·散文二集·导言》中说过："朱自清虽是一个诗人，可是他的散文仍能够满贮着那一种诗意，文学研究会的散文作家中，除冰心女士之外，文章之美，要算他了。"

朱自清的创作实践，是很值得从美学的角度加以研究和分析的。一个真正的美的创造者，他的艺术实践无不受着一定的美学思想支配，朱自清的艺术实践就受着内容美与形式美相统一的美学思想支配。

人们在研究闻一多的诗歌时，通常认为闻一多诗歌具有"三美"特性，即音乐美、绘画美、建筑美。而当我们研究朱自清的记游写景散文时，惊奇地发现，朱自清的这些散文，同样也具有"三美"的特性。这"三美"在整体上构成了朱自清散文的形象美，它充分地显现了朱自清记游写景散文的美学特征，使人们具体、真切地欣赏到了华美的艺术。

人们常说朱自清的写景抒情的散文读来如风俗卷、山水轴，似工笔画，这是颇有见地的，绘画美确实是朱自清散文的一大特色。所谓绘画美，并非是指一般的如何写得幽雅美丽，而是指如何运用绘画上的构图学、色彩学的原理来加强艺术形象和思想感情的表达。色彩在绘画上往往给人以不同的心理感受，如红、橙、黄等色令人产生温暖、热烈的感觉，称为暖色;青、蓝、紫等色使人具有寒冷、沉静的感觉，称为冷色。写景抒情的语言艺术，并不直接诉诸人们的感觉器官，而是通过描绘自然景色来表达人们的感情。就创作者而言，他的创作过程是从视觉形象向语言艺术的转化过程。所以，绘画的创作和欣赏，与散文的语言艺术有相通之处。散文与绘画两种不同艺术形式之间发生互相渗透，就能使散文也具有绘画艺术的审美内容——色彩美。

《春》是朱自清的一篇写景抒情佳作。作者在描写春花时，所写的花色是"红的桃花像火，粉红的杏花像彩霞，白的梨花像雪"，接着作者又写了蜜蜂、蝴蝶、野花、绿草，各有各的色调，各有各的神韵。在这里，作者所用的色彩基调是暖色的，然而又掺进了冷暖色的对比（红与白、红与绿），使得整个画面欢快、热烈，展示了情意绵绵、生机勃勃的春天美景，令人无限神往。

《荷塘月色》中，作者用的色彩基调是冷色。作者用冷色配置成万绿丛中几点白的画面，清冷静逸。月光下的荷塘景色显得恬静、含蓄，使人觉得作者"言有尽而意无穷"，这些清静的画面衬托出了作者"颇不宁静"的心情，在"难得偷来的片刻逍遥"中得到了短暂的安慰，曲折地反映了作者对现实的不满。作者是缘情写景，以冷色调之景衬情，不仅使作品具有绘画美，而且富有情趣美。

《绿》是朱自清以浙江温州梅雨潭风景为题材写的一篇散文。作者在《绿》中用的色彩基调虽然也是冷色，但由于用了相邻色、冷暖色的对比，如碧玉、绿杨、绿壁、碧草、绿叶、绿波的对比，绿与鹅黄的对比，并对绿作了许多描绘，如"闪闪的绿色""汪汪一碧""醉人的绿""平铺着、厚积着的绿"，等等，细致地表现了梅雨潭绿色的量感和质感，因此，这些色调就使我们感到的并不是冷清，而是一种柔和、明快和亲切。在这饱含诗情、充满生趣的绿意中，透露出作者对生活的美的追求，升腾着作者向上的激情。

朱自清巧夺天工的生花妙笔，绘出了绮丽纤浓的画卷，令人陶醉在梦一样美、情一样深的艺术境界里。朱自清写景散文的韵味，情景交融的魅力，很多就是得益于这种色彩美、绘画美。构图美作为绘画美的又一个重要因素，朱自清也予以了充分的重视，无论是《绿》中梅雨亭、梅雨瀑、梅雨潭的布局，还是《莱茵河》两岸的构图，或者是《威尼斯》圣马克广场四周的构图，都能够显示出作者在不同凡俗地运用绘画上的构图原理来构造和谐匀称的美。

绘画美和音乐美像一对孪生兄弟，在朱自清的散文里，往往是不可分离的。朱自清散文的语言不仅富有表现力，而且具有音乐美。声音之中有美的感人力量，语言借助于声音，让声音和语言发生关系，可以作为一种强烈的表情达意的手段。在朱自清的散文里，我们清楚地看到了这一点。

他在模拟声音时，可以做到形象逼真；在描绘声音时，能够激起人们的音乐美感，在语言里寄托着情感。

《欧游杂记》中描写了萨莫色雷斯岛上的胜利女神像："衣裳雕得最好；那是一件薄薄的软软的衣裳，光影的准确，衣褶的精细流动；加上那下半截儿被风吹得好像弗弗有声，上半截儿却紧紧地贴着身子，很有趣地对照着。因为衣裳雕得好，才显出那筋肉的力量；那身子在摇晃着，在挺进着，一团胜利的喜悦的劲儿。还有，海风呼呼地吹着，船尖儿嗤嗤地响着，将一片碧波分成两条长长的白道儿。"在这里，作者不仅把空间造型艺术雕像的美呈现在我们眼前，而且还通过模拟和描绘声音，用拟音词"弗弗、呼呼、嗤嗤"等诉诸人们的视觉，由此唤起听觉的联想，使画面美感和音乐美感联系起来，使得我们仿佛从乘风破浪向前的胜利女神身上，听到了激昂的乐曲声，那胜利的喜悦也洋溢在我们的心头，鼓舞着我们前进。

《荷塘月色》里作者在描写了朦胧月光下的荷塘的寂静之后，紧接着便写蝉鸣蛙叫。蝉鸣和蛙叫的声音送入了作者的耳中，那四面几乎已经凝结住的空气便顿然活泼起来，使人感到还有生命的存在，这种境界是很美的。蝉鸣和蛙叫仿佛组成了月光下的一支小夜曲，配合着清冷的画面，申诉着作者不能写尽的情思，反衬出作者的孤独。

《桨声灯影里的秦淮河》一开始就写道："我们雇了一只'七板子'，在夕阳西下，皎月方来的时候，便下了船。于是桨声汩——汩，我们开始领略那晃荡着蔷薇色的历史的秦淮河的滋味了。"在这里，作者为了突出声音的作用，有意将象声词延长，加重了声音的分量，渲染了声音的效果，一下子就扣住了"桨声灯影"，悠悠的荡桨声划破朦胧的灯影，秦淮河夏夜的美丽风光把人们引进了小夜曲的意境。

朱自清认为艺术语言应该是"既能悦目，又可赏心，兼耳底、心底音乐而有之"（《信札》）。朱自清散文的语言就是具有这样的美感特征的。朱自清好用叠字、叠词来增添作品的韵味，他所用的叠音词，不仅使自然景色具体而丰富，主观之情易于传达，而且音韵铿锵，旋律动听，节奏鲜明，给人一种声情并茂的音乐美享受。

《匆匆》里的阳光是"斜斜"的，它"轻轻悄悄"地挪移，"我""茫茫然"旋转，时间去得"匆匆"，它"伶伶俐俐"地跨过，这些叠字的运用不仅达到视觉的真实性，而且达到听觉的真实性，表现出作者追寻时间踪迹而引起的情绪上的飞快流动，有一种情和景自然地融合在一起的节奏美感。

《欧游杂记》中"古迹异乎寻常多"的沿河两岸的堡垒"高高下下的，错错落落的，斑斑驳驳的"，形象地展现了堡垒建筑群的形貌和布局，而且还产生了和谐匀称的音乐效果。

朱自清的散文中很多句子的字音都注意了平仄互换，再加上一些叠词错落有致的搭配，读来朗朗上口，颇显抑扬顿挫的音节美。朱自清散文就是运用了多种手法来达到音乐美，使之配合绘画美，创造出声色并茂的美文。

叶绍钧曾说过："现在大学里如果开现代本国文学的课程，或者有人编现代本国文学史，谈到文体的完美……朱先生该是首先被提及的。"（《朱佩弦先生》）作为美文，朱自清并不仅仅满足于绘画美和音乐美，他还非常重视"建筑美"，即文体结构上的美。与绘画美和音乐美相适应的结构美，也是朱自清散文的一个显著的美学特征，是人们从朱自清散文中获得审美感知的一个重要的因素。

朱自清散文结构美首先表现为结构非常紧密、层次井然而富于变化，看似不经意的着笔，实则蕴藏着作者独运的匠心，都是根据揭示主题和抒情的需要来结构的。

先看《春》，它采用了先总后分的写法，结构上大体由盼春、描春、颂春三个层次组成，一共制作了五幅画面：春草图、春花图、春风图、春雨图、迎春图。画面之间的连接自然、紧凑，并以前面四幅画面作为第五幅画面的铺垫、烘托。最后，作者禁不住对春天引吭高歌："春天像刚落地的娃娃，从头到脚都是新的，它生长着。春天像小姑娘，花枝招展的，笑着，走着。春天像健壮的青年，有铁一般的胳膊和腰脚，领着我们上前去。"这个结尾奇峰突起，这是作者在完美地制作了春天的画卷之后，纵情地对春天予以赞美，进一步揭示春天有不可遏制的创造力和无限美好的希望。

再看《绿》，它由远而近、详略结合地布局画面，既照应了游览的自然顺序，又突出了主题。最后一段，是文章开篇第一句话的反复叠用，然而，作者的思想经过自然美景的陶冶已升华到了一个更高的境界。这种结构首尾贯穿，深化了主题，还使人得到了回味无穷的美的享受。

朱自清散文结构美还突出地表现为简洁、精巧。例如《匆匆》，它的结构十分单纯，十一个问号是情绪消长的线索。问句而不作答，飘忽而过，既显示出作品的流畅感，也显出诗绪的跳跃性，使形象得以迅速展开。

最奇妙的要算是《白水漈》了，这篇仅仅三百字的散文不仅显示了作者捕风捉影的艺术功力，用极简洁的笔墨写出了白水漈"雾壳"般瀑布的特点，而且充分显示了作者结构散文的功力。文字虽少，层次却极分明，结构上的精巧之美令人惊异。

亚里士多德说过："美与不美，艺术作品与现实事物的分别在于在美的东西和艺术作品里，原来零散的因素结合成为一体。"朱自清的散文之所以美，就是因为零散的美的因素（绘画美、音乐美、建筑美）在他的散文中有机地结合成为一个完美的艺术整体。正是因为朱自清散文具备了"三美"，才使得美的特性——形象美在他的散文中特别显著，才被人们赞誉为美文。

朱自清擅长重彩工笔写山水，用典雅的文字，在修辞上下功夫，极尽修饰之能事，将"三美"有机地结合在一起，把山水描绘得这么美，与他学者文人的典雅风格是分不开的。像《欧游杂记》和《伦敦杂记》，作者在一篇篇短小的游记散文中，详尽介绍了欧洲许多著名的博物院和教堂，还用诗一般的语言，描述了古代文化名城威尼斯、佛罗伦萨、庞贝古城和罗马废墟等，充分体现了学者文人深厚的文化修养和艺术修养。

正是因为作者的深厚文化修养和艺术修养，朱自清的山水游记散文才美得那样高贵和华丽，我们完全可以说，华美也是朱自清散文的艺术风格。

‖作品来源‖

《湖北教育学院学报》（培训与研究）1996年第4期。

余音绕梁意味无穷——朱自清与他的作品《匆匆》

付 蕾

导 读

"匆匆"二字，代表着面对时光飞逝如白驹过隙的茫然，充盈着人在岁月的磨砺中踟蹰前行的落寞，满溢着徘徊四顾寻找方向却不得的无力。那么作为一代散文大家的朱自清，在风华正茂时，又为何会如此彷徨失措呢？

平声叠字"匆匆"一词含有忙乱、无奈之情，包含"匆匆"的古诗词文句也多蕴含这样的情感，如"聚散苦匆匆,此恨无穷"（欧阳修《浪淘沙》）,"林花谢了春红，太匆匆"（李煜《相见欢》）,"还家妻子久黄壤，单形只影反匆匆"（邹浩《悼陈生》）等。朱自清将"匆匆"用做散文的题名，则更加言有尽而意无穷。"匆匆"二字，代表着面对时光飞逝如白驹过隙的茫然，充盈着人在岁月的磨砺中踟蹰前行的落寞，满溢着徘徊四顾寻找方向却不得的无力。那么，作为一代散文大家的朱自清，在 1922 年 3 月 28 日创作此文时风华正茂，为何会如此彷徨失措呢？这要结合当时的社会背景和朱自清的生活经历说起。

朱自清，本名朱自华，取苏东坡的诗句"腹有诗书气自华"之意。他在享有"淮左名都"盛誉的扬州度过了童年，父亲对他的管教非常严格，从小就送他去私塾读经籍、古文和诗词，跟着先生"做通了国文"。古城的旖旎风光、丰厚的人文素养和古典文化中脍炙人口的瑰丽诗章一起陶冶着少年朱自华的性情，他养成了和平中正、少年老成的性格，同时骨子里也有了传统文人们感时伤事的情怀。

1916年秋天，朱自华考入北京大学预科，改名为朱自清，他的人生开始了新的征程。彼时的北京，正是新文化运动浪潮汹涌奔突之际，而北大作为新文化运动的策源地，在蔡元培的领导下"兼容并包"，力除一切陈腐习气。这一切，都让从小浸润在传统文化中的朱自清眼界大开。他像在沙漠中饥渴的人找到了一眼甘泉，迅速投入到新文化的怀抱。他开始拿起手中的笔，书写着心中的激情。他的处女作《睡罢，小小的人》发表在北京《时事新报》的副刊《学灯》上。"你满头的金发蓬蓬地覆着，你碧绿的双瞳微微地露着，你呼吸着生命底呼吸。呀，你浸在月光里了，光明的孩子——爱之神，'睡罢，小小的人'……你静静地躺在自然底摇篮里，什么恶魔敢来扰你！"诗里对自由和光明的向往呼之欲出。他先后参加了轰轰烈烈的五四运动、平民教育讲演团和新潮社，《光明》《满月的光》《羊群》《新年》等激情澎湃的诗作在时代雨露的沐浴下绽放出夺目的光彩。

1920年5月，朱自清带着满腹才学衣锦还乡，来到位于杭州的浙江第一师范学校教书。这时的朱自清颇有些心绪不定。一方面，革命的热情尚未退去，1921年1月，他加入文学研究会，并与刘延陵、俞平伯、叶圣陶等人一起创办了"五四"以来第一家专门登载新诗和新诗评论的刊物《诗》。另一方面，五四运动开始进入短暂的低潮期，当狂飙突进、席卷一切的运动平静下来，很多革命者们开始迷失彷徨。而离开北京风起云涌的大环境，安居相对平静的杭州，也使朱自清对现实感到失落，"原来她不见了，只如今我像失了什么"！（《怅惘》）这个时期朱自清的《自从》《转眼》《旅路》等诗歌，都蕴含着深深的惆怅与落寞。

这种矛盾复杂的情绪渐渐郁结于胸。某一天，朱自清独自在昏沉的灯下面对寂寂长夜，忽然产生了一种说不清的茕独凄凉的愁绪，"日来时时念旧，殊低徊不能自已。明知无聊，但难排遣。'回想上的怅惜'，正是不能自克的事。因了这怅惜的情怀，引起时日不可留之感"。他提笔成文，"将这宗心绪写成一诗，名曰《匆匆》"。（朱自清：《1922年3月26日致俞平伯信》）《匆匆》便是这一时期朱自清在矛盾的心绪下创作的散文诗。

文章开篇便用排比句营造了一个淡淡的画面："燕子去了，有再来的时候；杨柳枯了，有再青的时候；桃花谢了，有再开的时候。"用排比的手法来渲染感情和调节节奏是朱自清散文的一贯方法。如《匆匆》中"洗手的时候……，吃饭的时候……，默默时……"，《春》中"山朗润起来了，水涨起来了，太阳的脸红起来了""雨是最寻常的……像牛毛、像花针、像细丝……"，《荷塘月色》中"层层的叶子中间，零星地点缀着些白花，有袅娜地开着，有羞涩地打着朵儿的；正如一粒粒的明珠，又如碧天里的星星，又如刚出浴的美人"，等等，都是排比手法的运用。但《匆匆》中开篇的这一排比句却引人入情入境，作者借自然之景感叹春去春回，"亭台上依旧是去年天气"，唯有时光不再。排比中的荣枯对比，让人感受到时光逝去的怅然若失，奠定了全文的感情基调。

空灵的时间在朱自清的笔下变得具象化，像一些顽皮的孩子，当你以为怀揣着他们，有着大把的财富可以挥霍时，他们已经像泥鳅一样转了个身，让你抓不住、碰不着，嬉笑着远去了。作者运用了大量的修辞，捕捉着时间划过的痕迹。时间像沙漏，在"我"的手中渐渐滑出，溜走，手中"渐渐空虚"了；已经过去的八千多日子"像针尖上一滴水滴在大海里"，"没有声音，也没有影子"，屏蔽了人的听觉视觉，却让人在大片大片的苍白中感受着无声的恐惧，不禁"头涔涔而泪潸潸"。时间是有脚的，人们追随着时间的脚步，跟着挪移的太阳茫然地旋转，却无法阻碍时间的步伐。在洗手的时候，吃饭的时候，默默时，睡觉时，甚至伸手挽留时，时间都毫不留情，伶伶俐俐的从身上跨过，从脚边飞去。这些细腻而独特的笔触所流露出的无力和焦灼，让人感同身受，忍不住扼腕长叹。

作者随着流淌的时间而茫然、凝然、叹息，同时也在逃去如飞的日子里徘徊着，反思着。日子如轻烟随风而逝，如薄雾被初阳蒸融，可感，可知，可触碰，然而他用尽全身的力气，却始终找不到生命"游丝般的痕迹"，赤裸裸的来，赤裸裸的回去，这是多么让人不甘心的生命旅程！作者的哀怨、怅惘在这一段的描写中达到了一个顶点。复沓手法的运用，让作者的感情一唱三叹，层层推进，在参差中展现诗人感情起伏的波澜。环扣的疑问飘忽而过，问而不答，却如行云流水般以最大的力量冲击人的心灵，让每一个人都不禁扪心自问：在有限的生命中，我们又留下了什么痕迹？

　　纵观全文，文章虽然流露出一些无可奈何的悲伤情绪，却表达了作者对时间从指缝中溜走的叹惋，始终积极向上，寻找着生命存在的意义和生命的真谛。这是一代散文大家朱自清高义自守、清正奋勉的处世态度的体现。他在"极感到诱惑的力量，颓废的滋味，与现代的烦恼"的矛盾思绪中，"深感时日匆匆到底可惜"，决心"丢去玄言，专崇实际"，站在"中和主义"的立场上，奉行"刹那主义"。这种"刹那主义"意为"生活中的各个过程都有它独立的意义和价值——每一刹那有每一刹那的意义与价值！每一刹那在持续的时间里，有它相当的位置"。俞平伯认为朱自清关于"刹那主义"的主张"是把颓废主义与实际主义合拢来，形成一种有积极意味的刹那主义"，"在行为上却始终是积极的，肯定的，呐喊着的，挣扎着的"。（俞平伯《读〈毁灭〉》）这种挣扎和呐喊正切合《匆匆》结尾处朱自清痛苦的质疑："但不能平的，为什么偏要白白走这一遭啊？"虽是以问句的形式展现，却隐含着作者对生命的思考，这是作者朱自清在确凿地告诉读者们，在有限的时间里，我们必须留下生命存在的痕迹，要"一步一步踏在泥土上，打下深深的烙印"！（朱自清《毁灭》）这样悲壮的呐喊和坚定的决心，虽无"对酒当歌，人生几何"的豪情，却有抓住时间，勇往直前的气魄！

　　《匆匆》一文不到六百字，却字字珠玑。它融合诗歌特有的跳跃之美，展现作者情绪的飞快流动；却又吸纳散文的柔和句式，让句与句、段与段之间联结着作者连绵的思绪。它带给我们的阅读享受，恰似一首回味无穷的音乐，有如行云流水般畅快，让人读后余音绕梁，三日不绝。而一代文学大师珍惜时光、追求光明的执着的人生态度带给我们的心灵拷问，更是值得每个人珍惜的。

作品来源

　　《语文月刊》2011年第7期。

朱自清与《温州的踪迹》

陈永涛

导　读

　　与朱先生那些诗意盎然的散文相比，这篇作品似乎太直太露，但正是这种直抒胸臆的强烈情感，深刻揭露了畸形社会的严重问题，表明了一个正直的知识分子对生活在底层的妇女的深切同情，产生了强烈的艺术感染力；就风格而言，也与作者那种纯正朴实的作风完全一致。

　　朱自清先生 1920 年从北京大学哲学系毕业，到 1925 年去清华大学任教授，其间有半年多时间在温州中学（当时称浙江第十中学）任国文教员。

　　朱自清先生是 1923 年 9 月到校的。那时，朱先生刚发表成名作——长篇白话诗《毁灭》，他带着诗坛的盛誉，高擎着五四新文化运动的火炬来到温州，立即受到文学青年的热烈欢迎。温州中学的中学部和师范部争着延请先生授课。以谦逊、温厚著称的朱先生不辞劳苦，奔波于两部之间。作为一名教师，朱先生的师德堪称楷模。他当时已是一个知名的文学家，却并不因此对教学工作敷衍了事，而是每天备课到深夜。当时五四运动虽然已过去三年多，但中学里的国文课，学生的读写都还是用文言文。为了打破文言文独霸课堂的局面，朱先生改革教材，精选了大量白话文，印成讲义让学生学习，并亲自撰写白话散文，引导学生学写白话文。当时温州中学里有两个学生文学社团"血波社"和"宏文社"，都请朱先生担任指导。朱先生毅然搁置了自己的诗歌创作，悉心指导文学青年阅读《新青年》《向导》等进步书刊，创办《照胆报》。据朱先生的邻居、杭州大学物理系教授王锦光先生回忆:"朱先生家里来往客人很多,特别是青年,即使是假日,也是门庭若市,三三两两,一群一群地来,他们大多数都是夹着书包的。现在知道他们是登门请教的学生与爱好文学的青年。朱先生总是和蔼地跟他们谈话。"这两个文学社的中坚之一、后来成为红十三军政委、被周总理誉为"浙江的金龙"的金贯真烈士,就是在朱先生指导下写出大量白话诗、白话文,并翻译了外国小说的。烈士的遗作中还留有许多朱先生修改过的墨迹。

温州时期是朱自清从诗歌创作转向散文创作的转折点。朱先生曾自谦地说:"我写过诗,写过小说。……我所写的大抵还是散文多。"朱先生在温州那年刚好25岁。此前,他也写过几篇散文,但数量很少,影响不大,虽然也写出《匆匆》这样的优秀作品,但也还属于散文诗之类的短篇。

在温州,朱先生构思、创作了多篇叙事抒情散文,最集中的是《温州的踪迹》中的一组:《月朦胧,鸟朦胧,帘卷海棠红》《绿》《白水漈》《生命的价格——七毛钱》。

《月朦胧,鸟朦胧,帘卷海棠红》的创作缘起,是由于画家马孟容先生赠给朱先生的一幅同题国画。马孟容(1892—1932)先生系浙江温州市人,我国现代著名国画家。他曾在上海创办中国文艺社,与吴昌硕、朱古微、曾农髯、王一亭、赵叔儒诸名家均有题赠往来。蔡元培先生曾谓"吾国画有文人派和画院派之别。文人之作大都气韵生动,寄托遥深,而放者为之,或流于疏脱;画院派之作,大抵界画精细,描写逼真,而拘者为之,或失之板滞。孟容先生折中两派,兼取其长,诚出色当行者艺术价值之作也"。朱先生到校时,孟容先生正与其弟马公愚先生在温中任教,孟容先生任数、理及图画教员,公愚先生任国文教员。马公愚先生是我国著名的金石书法家,曾任上海美专书法教授,中国艺专书法教授,上海大夏大学中文系教授。三位艺术家旨趣相投,情谊笃深,不仅互相切磋艺术,寄情山水,而且在生活上互相关心。朱先生曾感叹,"真为今日不可多得之友","大德不敢言谢,谨当永志弗缓耳"!

1924年1月,马孟容先生给朱先生画了意境极美的工笔画《月朦胧,鸟朦胧，帘卷海棠红》。构图是极为巧妙的：朦胧的月色下，一对睡眼朦胧的八哥栖在一枝红艳的海棠上。画的左上角，斜着一卷绿色的帘子，但"帘下是空空的，不着一些痕迹"。我国画家为古诗词写意的不少，但有些作品太直太露，一览无余；马先生的国画，能参之以西画，冶中外古今于一炉。在构图布局上自有特色，故使朱先生看了"瞿然而惊；留恋之怀，不能自已"。他细细地揣摩了画面上的每一个细节之后，不禁浮想联翩："在圆月朦胧之夜，海棠是这样的妩媚而嫣润；枝头的好鸟为什么却双栖而各梦呢？在这夜深人静的当儿，那高踞着的一只八哥儿，又为何尽撑着眼皮不肯睡去呢？他到底等什么来着？舍不得那淡淡的月儿么？舍不得那疏疏的帘儿么？不，不，不，您得到帘下去找，您得到帘中去找——您该找着那卷帘人了？他的情韵风怀，原来是这样的哟，朦胧的岂独月呢，岂独鸟呢？但是，咫尺天涯，教我如何耐得？我拼着千呼万唤，你能够出来么？"

画家独运的匠心被散文家独具的慧眼所赏识，确是找到了知音。

《绿》是朱先生在温州写的一篇游记，已选入语文课本代代陶冶着青少年，成了传世之作。像柳宗元的《小石潭记》一样，这篇游记也只写了一个小小的水潭。梅雨潭在温州仙岩，因梅雨瀑而得名。这篇作品问世之后，鉴赏评论者蜂起，但在艺术分析上多未能道出真谛。《绿》的最大成功之处，在于取材的角度。前人写梅雨潭的诗文都着眼于梅雨瀑，唯有朱先生独辟蹊径，第一个"惊诧于梅雨潭的绿"，而把梅雨瀑作为陪衬。为了集中全力写好梅雨潭的潭水，作者两次来到仙岩，揪草攀石，追光捉影，深入探索着潭水的特色。为了把自己的发现淋漓尽致地传达给读者，朱先生动用了比喻、排比、拟人、对比、衬托、联想等能用的一切手法，作者由惊诧而陶醉，由陶醉而倾倒，于是感情升华了："那醉人的绿呀！我若能裁你以为带，我将赠给那轻盈的舞女；她必能临风飘举了。我若能挹你以为眼，我将赠给那善歌的盲妹；她必明眸善睐了。我舍不得你；我怎舍得你呢？我用手拍着你，抚摩着你，如同一个十二三岁的小姑娘。我又掬你入口，便是吻着她了。我送你一个名字，我从此叫你'女儿绿'，好么？"

多么传神的惊人之笔！一个"女儿绿"，把梅雨潭水的柔嫩、明净、鲜润和盘托出！由于《绿》的魅力，使梅雨潭驰名中外，如今成了规模宏大的仙岩旅游区。

另一篇游记《白水漈》是《绿》的姐妹篇。如果说，梅雨潭以她的"女儿绿"使朱先生惊诧，那么白水漈就是以她的空灵洁白使他依恋了。白水漈在瓯江的北岸，属温州的永嘉县。这是一个盆景式的小瀑布，规模不大，却耐人寻味。朱先生一到那里，凭着直感，先是感到她"太薄了，又太细了"。一个"太"字似是嫌她不足，但这种先抑后扬的写法却一语点出了她的特点："薄"和"细"。正是"薄"和"细"使这个小瀑布别具魅力：白光嬗为飞烟，影子织成幻网，网里织着诱惑……这种空灵的美便产生了"我的依恋"。短短三百字活画了一个景致，这种极省俭的点睛之笔，只有散文大家才能做到。如今，每年春日，成百上千的游人，渡江过水，沿着朱先生当年的足迹，欣然被织进这张诱惑的网。

朱自清先生主张作家要观察生活，"于每事每物，必要剥开来看，拆穿来看；无论锱铢之别，淄渑之辨，总要看出而后已，正如显微镜一样。这样可以辨出许多新异的滋味，乃是他们独得的秘密"！"于人们忽略的地方，加倍地描写，使你于平常身历之境，也会有惊异之感"。(《山野掇拾》)《绿》和《白水漈》正是朱先生这种创作主张的实践。

《生命的价格——七毛钱》是《温州的踪迹》的压卷之作，是朱自清先生早期散文中思想内容最深刻的一篇力作。

这篇散文是为一个五岁的小女孩鸣不平而作的。

作为一个中学教员，朱先生当时的生活并不宽裕，这使他有机会接触和体验中下层人民的生活。他当时住在温州朔门四营堂巷的一座平房里，靠近瓯江码头。这里住的多数是小贩、店员、手工业工人、搬运工人等，他们生活凄苦，在饥饿线挣扎，被迫弃儿卖女。朱先生经济虽然拮据，却有一个和睦的家，享受着天伦之乐。夫人武仲谦女士是一个娴静贤淑的主妇，侍奉婆婆，抚育儿女，与朱先生感情极深，朱先生外出上课，她总是送到大门口，立在"桥棚"上，等到看不见他的背影，才回来关门。那时，他们已有两个孩子：阿九和阿菜。朱先生夫妇对孩子都很疼爱，阿菜四岁时，朱先生还请丰子恺先生给她画像，由夏丏尊先生亲笔题上"丫头四岁时"。
与所有具有人道精神的现实主义作家一样，朱先生也有"老吾老以及人之
老，幼吾幼以及人之幼"的博大胸怀。据王锦光先生回忆："朱先生看到我
们小孩，总亲切地摸一摸头皮，笑了一笑，我们总是亲亲热热地叫一声'朱
伯伯'。"一天，朱先生在房东家里看到一件奇事：七毛钱买来一个五岁的
小女孩。这事使他大为震惊："我回到自己的饭桌上，看看阿九和阿菜，始
终觉得和那个女孩没有什么不同。"于是，他动情了："这一笔交易的将来，
自然是在命运手里；女儿本姓'碰'，由她去碰罢了！"他细细地想象着这
小女孩将来的生活，感慨万千："她的沦落风尘是终生的！她的悲剧也是终
生的！——唉！七毛钱竟买了你的全生命——你的血肉之躯竟抵不上区区
七个小银圆么？生命真太贱了！生命真太贱了！"他禁不住提出发人深思
的责问："钱世界里的生命市场存在一日，都是我们孩子的危险！都是我们
孩子的侮辱！您有孩子的人呀，想想看，这是谁之罪呢？这是谁之责呢？"

　　与朱先生那些诗意盎然的散文相比，这篇作品似乎太直太露。但正是
这种直抒胸臆的强烈情感，深刻揭露了畸形社会的严重问题，表明了一个
正直的知识分子对生活在底层妇女的深切同情，产生了强烈的艺术感染力；
就风格而言，也与朱先生那种纯正朴实的作风完全一致。

　　除了《温州的踪迹》中的四篇散文之外，朱自清先生在温州还完成了
《桨声灯影里的秦淮河》《旅行杂记》等著名散文。温州时期可以说是朱先
生文学创作的转折期，也是他散文创作的丰收期。

‖作品来源‖

《温州师范学院学报》（哲学社会科学版）1996 年第 1 期。

朱自清先生在昆明

李光荣

朱自清以散文名世，但他的文学起步却是诗歌，他也写过小说但不太成功。先生在昆明时期的创作成果是丰厚的，同时在这里的种种经历也无疑对他的创作产生了深远的影响。

朱自清接到梅贻琦要求南下长沙的电报，心情稍得安定。这时，清华园已沦入敌手，北平到处是日本军人，车站上的难民拥挤不堪，全家一起离开北平相当困难。妻子陈竹隐深明大义，临危不惧，同意先生先走，自己带着孩子留下日后再图良策。1937 年 9 月 22 日，朱自清戴着一副眼镜，提着一个旧皮包，躲过日本人的搜查，挤上了去天津的火车，而后几经波折，于 10 月 4 日到达长沙。虽然途中辛苦异常，作为清华大学国文系主任的他，已经开始谋划国立长沙临时大学中文系的教学事宜了。路过武汉时，他专门寻访在家休假的闻一多，动员他暂缓休假，赴国立长沙临时大学以缓解师资不足之难。抵长沙当日，他即访清华大学校长梅贻琦、教务长潘光旦和秘书长沈履，并接任临大中国文学系教授会主席职务，操持系务，接着兼任临大贷金委员会召集人，解决困难学生的生活问题。22 日夜里闻一多到长沙，他专程到火车站迎接。11 月 3 日与文学院教师同车赴设在南岳圣经学校分校的临大南岳分校，主持抽签分房等事务。19 日分校开学，讲授"宋诗"课，不久写成在北平已准备的论文。文学院学术空气浓厚，老师各自钻研著述，多有成果，教学中克服无教材、缺参考书的困难，老师凭功力讲授，学生专心向学，教学效果显著。

可是，日本飞机追到了长沙，临时大学不得不决定西迁昆明。1938年2月16日，朱自清与冯友兰、汤用彤、钱穆、陈岱孙、郑昕等十余人乘汽车再次走上了迁徙的路程，取道广西，出镇南关（今友谊关），至越南河内，因途中冯友兰手臂骨折，陈岱孙留下照顾医治，3月16日才乘滇越铁路火车抵昆明。4月2日，奉教育部令，国立长沙临时大学更名为国立西南联合大学。朱自清仍为中文系教授会主席（后改称系主任）。由于昆明校舍不敷，西南联大租到法国设在蒙自的海关、银行、领事馆和歌胪士洋行等设置蒙自分校和文学院、法商学院。5日，朱自清抵蒙自参与筹办分校。15日，到火车站接学生。5月4日开学，当天，北大学生主办集会纪念"五四"，朱自清应邀演讲。10日，被推为分校战区救济及寒苦学生贷金委员会委员；13日，当选分校校务委员会书记。20日，学生向长清、刘兆吉、穆旦、赵瑞蕻等20余人组成南湖诗社，朱自清与闻一多共同担任导师，指导学生写新诗。30日赴越南海防迎接家眷及其他先生家眷，6月4日回蒙自。6日与家属迁居桂林街大井巷。这时，教育部委托撰拟大学中文系科目草案，经数次与罗常培商讨后，于19日起草"草案"，寄往教育部。

农历六月，是彝族火把节，蒙自街头烧起火堆，围着男男女女，小孩提着烂布浸油的火球晃来晃去，全城闹腾起来，大家用小树做成火把，点着游行，热烈畅快。朱自清出门观察，认为它"暗示着生活力的伟大，是个有意义的风俗"，还把它和抗战相联系，说在"需要鼓舞精神的时期，它的意义更是深厚"。南湖是一个积雨湖，雨季波光潋滟，垂杨拂水，崧岛一带荷叶田田，让朱自清想起了北京的什刹海。师生课余常沿路去湖中游览或读书，朱自清曾和友人去湖中饮酒闲谈，颇得其乐。

清华毕业生编《清华第十级级刊》作毕业纪念，朱自清作《临别赠言》："不负所学，各尽所能，来报效我们的民族，以完成抗战建国的大业。"因校舍被征为他用，学校决定将蒙自分校撤回昆明。8月5日，朱自清任分校校务委员会代理主席。13日，送家眷先赴昆明，自己留下处理分校结束事务。27日，率学生至碧色寨上火车，31日结束分校事务。是月，西南联大增设师范学院，朱自清兼任国文系主任。9月4日，返抵昆明。

1938年9月21日，与沈从文、杨振声商定教育部委托编写的教科书目录。朱自清负责古文部分。10月6日，被邀为"编制本大学校歌校训委员会"委员，经委员会多次筛选讨论，最后报常委会批准，校训为"刚毅坚卓"，校歌为罗庸作词、张清常作曲的《满江红》。其中作曲由朱自清联系时在广西工作的张清常写成。11月26日，被聘为西南联大战区学生救济及寒苦学生贷金委员会委员；30日，出席清华教授会议，被选为当年度教授会书记。12月26日，钱端升拟办《今日评论》周刊，被邀为编委。28日，茅盾赴新疆学院路经昆明，参与接待、陪同，并接受茅盾建议，参加当地文艺活动，参与并组织从事抗战文化活动。1939年11月2日，主持了有茅盾参加的"文协"云南分会会议。3月15日，与人结伴游石林，至18日返校。4月9日，"文协"在重庆举行年会，再次缺席当选理事。5月14日"文协"云南分会改为昆明分会，参与负责分会工作。首先是在暑期成功举办了一期讲习班，并亲自讲授作品赏析。在杨振声的主持下，中文系成立"大一国文"委员会，负责该课教学事务，并集体编辑教材。朱自清作为中文系主任，做了组织协调工作，几经商讨增删，至1942年编定。这册"大一国文"首次把现代文编进教材。暑假中，曹禺应邀来昆明导演《原野》和《黑字二十八》，朱自清往观，深受感动，作《〈原野〉与〈黑字二十八〉的演出》加以评价。因昆明屡遭日本飞机袭击，应散文作者惠我春邀请于9月13日移家西郊龙院村惠家大院。10月新学期开始，在中文系迎新茶话会上，罗常培批评一学生讨厌旧文学，爱好新文艺的思想，朱自清立即发言支持学生，差点引出教授间的争论。11月14日，获准辞去文学院中系和师院国文系主任职务，由罗常培代理。月底，落实师范学院国文系编辑出版《国文月刊》合同等事务。该刊后于1940年6月创刊，主编浦江清，朱自清等任编委。后主编和编委有变动，但朱自清一直是编委。

昆明物价飞涨，1940年5月，陈竹隐携孩子回成都。6月，朱自清被推为教育部国语推行委员会委员。7月，朱自清请求下年度休学术假，清华中文系主任请闻一多代理，学术假满返校后辞去该职务，闻一多正式上任。

朱自清自 1930 年主持清华大学中文系，以及后来主持西南联大中文系和师院国文系，都继续了杨振声主持清华中文系时他俩商定的办学思想，即新旧文学交流和中外文学交流，要求中文系学生具备中国古代文学和外国文学两方面的基础，而着眼点则是创造新文学。这种思想体现在课程设置上，保持了古代文学和传统文化课，开设几种外文系的课程。而新文学方面，当时无人开课，朱自清自告奋勇，开创了"中国新文学研究""歌谣""高级作文"和"散文写作"等课程。在西南联大时期，他支持沈从文、李广田开设"各体文习作""现代中国文学""创作实习"和"文学概论"等课程。在教材编写和使用上，除上述专业课选讲现代文外，还将新文学作品选入大学语文，开创了新文学作品进入大学通识课堂的新篇。此外，朱自清发表言论倡导学习新文学，在《国文月刊》上发起关于中学生国文程度与现代文的讨论，还在教学指导书中介绍鲁迅、胡适等人的文学作品。朱自清对新文学的教学和中文系的发展做出了开创性的贡献并起到了推进作用。

1940 年 8 月 4 日，朱自清抵成都，住东门外宋公桥报恩寺内。第二天便去开明书店办事处访老友叶圣陶，经叶圣陶提议，同意在促进中等学校国文教学方面的合作，具体工作是两人共同著《精读指导举隅》和《略读指导举隅》二书。此后，两人时常相见，有时同登望江楼，谈古论今，尤其是 1941 年 1 月底，叶圣陶从乐山迁家眷到成都西门外后，两人见面更多。其实，住在城东城西的两家相隔二十里，见面不易，两人便相约于城中少城公园一茶馆相见，每每相谈甚晚。有时两人一起访问朋友或赴朋友之约。此间更有文章互看，诗歌唱和，甚为惬意。两人合作的二书分别于 1942 和 1943 年由商务印书馆出版，此前《精读指导举隅》于 1941 年 2 月由四川省教育厅印行，两书对语文教学起到了有效的指导作用。朱自清休假时的任务是研究古代散文，因成都手边资料不济，改为研究《古诗十九首》和著《精读指导举隅》与《略读指导举隅》二书。朱自清把它们称为"日常工作"。他分析《古诗十九首》，写成系列文章，连载于《国文月刊》，帮助青年了解中国最早的五言诗。1941年8月的一天，"文协"成都分会派厉国瑞（笔名牧野）来访，说分会办有暑期文学讲习会，想请他去做一次讲演。朱自清爽快地答应，并于9日晚去讲《文学与新闻》，听者踊跃。厉国瑞喜欢新诗，之后给朱自清送来一些诗集和诗刊，并向朱自清请教新诗的问题。9月2日，朱自清作专文《关于新诗的比喻和组织》给厉国瑞，谈新诗创作。由此开启了朱自清研究新诗的兴致，遂有后来的《新诗杂话》一书。光阴荏苒，休假很快结束了，10月8日，朱自清动身返昆明。在叙永等车时，认识了在西南联大叙永分校任教的李广田，两人交谈抗战文艺，尤其是抗战诗，更加加深了他写《新诗杂话》的热情。

1941年11月初朱自清抵昆明。为了方便学术研究，是月12日，从西郊龙院村迁至北郊司家营文科研究所居住。司家营离城约二十里，朱自清周二下午步行进城，上完课后周五下午返回。在所里，他和闻一多、浦江清等教授朝夕相处，到城里，和李继侗、陈岱孙等8位教授同住北门街71号统舱式的房间。12月8日太平洋战争爆发，饮酒庆贺，致使胃病发作，夜不成眠，可他仍高兴不已，逢人便说。研究所里学术气氛甚为浓厚，大家早起晚睡，白天在楼上埋头工作，互不相扰，夜里时常挑灯夜战。每天，朱自清天亮即起，起后先去屋外河边散步，做体操，呼吸新鲜空气，进入研究后即专心致志，因此，学术成果也出了很多。《经典常谈》《伦敦杂记》就是这时写定并出版的，《新诗杂话》《诗言志辨》《语文影及其他》等书里的部分篇章也写于此时，他还为王力的《中国现代语法》、马君玢的《北望集》等书作序。这期间，他曾应邀到师范学院与云南省教育厅合办的暑期中学教员讲习班授课，去昆明广播电台、中法大学、云瑞中学、粤秀中学等单位演讲，并多次在西南联大举办的活动中发表演说。昆明虽然四季如春，但冬天还是冷的。有一年的冬天特别冷，朱自清的棉袍烂了，又没钱做新的，他便在街上买一领赶马人穿的披毡，穿着它去上课、演讲、出席会议、访友、上街，自成一格，亦得其趣。这时期也是朱自清的身体状况每况愈下的时期，胃病折磨着他，时常疼痛呕吐，睡眠也受影响，导致精神状态不佳，日记中出现了"疲倦"字样。胃病较重时，他甚至想到过死，尤其是 1942 年 6 月生物学教授吴韫珍因胃溃疡开刀，不治身亡，使他联想到自己。又兼物价猛涨，家累沉重，工资入不敷出，不得不时常典当物品接济家用，精神负担沉重。旧社会知识分子惯常的"贫""病"二字，在他身上充分地体现了出来，煎熬着他的身心。即使在这种情况下，他仍保持着自己的情操。1943 年 12 月，他从北平的刊物上读到俞平伯的文章，立即去信劝老友不要在北平发表文章，"以搁笔为佳"，使俞平伯大受感动。此事可见朱自清的为人。

1943 年 3 月，美国在昆明成立第 14 航空队后，日本飞机的空袭渐渐减少，朱自清在城里住的时间也就逐渐增多，次年 1 月之后则基本上住在城里了。城里办事方便，他参加校内外的活动也多了起来，还时常去校外演讲。从成都回来后，为了生计，还去五华中学兼课。闻一多挂牌治印，他在《金石润例》上签名推荐。1944 年，西南联大学生的民主活动重新活跃起来，朱自清被邀在五四文艺晚会上演讲，讲题是《新文艺中散文的收获》。在此后一个月里，他三次赴中法大学、粤秀中学和另一个地方演讲。和青年接触多了，朱自清的思想也发生着微妙的变化，写出了《论青年》的文章。10 月 19 日"文协"分会和各大学文艺团体举办鲁迅逝世八周年纪念晚会，朱自清作《鲁迅先生对写作的态度》的演讲。在此后两个月时间里，他相继为自己的专著《新诗杂话》《国文教学》和《诗言志辨》作序，翻译作品也多了起来，可见他的勤奋。

1944 年 7 月 14 日，是陈竹隐 39 岁的生日，亲友来家，正要开宴祝贺，朱自清突然走进家门，皆大欢喜。原来是这样的：1943 年，四川麻疹流行，三个孩子一齐受了感染，朱自清非常惦念，筹措路费，于暑假中回来探望，于是有了这意外之喜。次日，夫妇俩即去访问叶圣陶和为孩子治病的刘云波医生等人。回来后作一对联："生死人而肉白骨，保赤子如拯斯民。"请叶圣陶写了送给刘医生。朱自清此次到成都，除受吴宓之托访问过四川大学校长黄季陆外，还访问许多朋友，很多朋友访问了他，这些朋友包括：罗念生、陈寅恪、徐中舒、吕叔湘、李小缘、闻宥、程千帆、华忱之、赵守愚、张志和、金拾遗、徐霞村，以及四妹玉华与周协庭夫妇。四川大学和当时在成都的齐鲁大学、燕京大学都有意邀他留下来任教，但朱自清不忍离开清华，婉言谢绝了。在成都，他写了《外东消夏录》和《重庆行记》等散文，后一篇的第一节《飞》被叶圣陶作为范文向中学生推荐。朱自清往返途中都经过重庆，在重庆见了三弟国华、姚蓬子、老舍、冯雪峰、韩侍桁、蒋复璁、陆晶清、吴士选等友人。10月1日，飞抵昆明。

1945年暑假，因有直航飞机之便，朱自清再赴成都探亲。6月29日抵家中，照例第二天就访叶圣陶，老友相见，以致"狂喜"。接着访问了赵守愚、吴宓和程千帆等。在成都期间来访、相邀或会见过的朋友有章锡舟、陈白尘、叶丁易、董每戡、姚雪垠、徐中舒、吕叔湘、孙望、谢冰莹、陶载良、吴组缃、邹荻帆、黄药眠、邵循正、王宪钧等。他还被邀请去"文协"成都分会举办的讲座作《新诗的趋势》的演讲，去华西坝暑期学校作演讲。7月初，丰子恺从重庆来成都开画展，阔别20年的老友相见，竟请不起一餐饭，随后，托友人代购了两幅画，作了四首诗相送。8月10日深夜，得悉日本侵略者向盟军无条件投降的消息，欣喜万分，奔向街头和老百姓狂欢了一整夜。抗战胜利是必然的，朱自清苦苦煎熬多年，坚信这一天会到来。早在1939年7月7日，朱自清就写了《这一天》，在我国陷城沦池的时刻，认识到"从前只是一大块沃土，一大盘散沙的死中国，现在是有血有肉的活中国了"，看到"新中国在血火中成长了"，宣告"'双十'是我们新中国孕育的日子，'七七'是我们新中国诞生的日子"。1942年，在抗日战争相持甚苦，昆明屡遭敌机轰炸，自己已典当行军床补贴家用的艰难时日，他看到了新中国胜利的曙光，于12月16日作《新中国在望中》，预见到：抗战的中国在我们的手里，胜利的中国在我们的面前，新生的中国在我们的望中。这一天真的到来了，怎能不深感欢欣鼓舞呢！高兴之余，他又担心着内战的爆发。8月28日，向叶圣陶告别，不意竟成了两位老友的永别。30日，朱自清飞抵昆明。

9月3日新学期开始，朱自清除在学校上课外，仍在五华中学兼课。抗战胜利后西南联大将结束北返复校，师院主办的《国文月刊》拟商开明书店接编，为此，他连续给叶圣陶去三封信，商量具体办法，之后多次斡旋，促成了此事。主编为夏丏尊、叶圣陶、郭绍虞、朱自清，开明书店出版发行。月底，在《十教授为国共商谈致蒋介石毛泽东电文》上签字。这时，昆明的政治气候日益严峻，蒋介石已武力迫使云南省主席龙云下台，地方主力部队被调往东北，内战阴云密布；另一方面，民间的民主运动也日益高涨，11月25日，西南联大、云大、中法、英专四大学生自治会联合主办反内战时事晚会，云南军警鸣枪威胁，会场有特务破坏。27日，继西南联大学生罢课后，昆明市学联宣布总罢课。29日，朱自清出席西南联大教授会会议，被推为代表请学生复课，亦被推为参与起草向地方军政当局抗议书起草者，下午参加全校大会动员学生复课。5月3日，和中文系全体师生合影留念，下午出席"大一国文"会议和清华系主任会议，晚出席"文协"分会和昆明学联举办的文艺晚会并演讲。5月4日，参加西南联大结业典礼暨纪念碑揭幕仪式。即日起，学生开始分批离昆北上，学校投入搬迁工作。

1946年6月14日，朱自清乘飞机离开昆明，到重庆转汽车往成都，17日晚抵家。时夫人因心脏问题住在医院，第二天一早即往探视。后作《动乱时代》《教育家的夏丏尊先生》《关于"月夜蝉声"》及《〈语文零拾〉序》等文。7月15日，闻一多被特务枪杀于昆明。17日朱自清见报得知此事，异常震惊，在日记中写道："自李公朴街头被刺后，余即时时为一多的安全担心。但未料到对他下手如此之突然，真是什么世道！"即日写信慰问闻夫人并表示将尽力帮助解决困难和整理闻一多遗稿。20日，写成《闻一多先生与中国文学》。21日出席西南联大成都校友召开的闻一多追悼会并演讲。8月3日，又写成《中国学术界的大损失》。次日在北大校友会上发起为闻一多家属捐款。又次日，再次给闻一多夫人写信。9日，参加李、闻追悼会筹备会。16日，作新诗《悼一多》。这是朱自清放下诗笔20年后的新作。18日出席成都李、闻追悼大会并在会上介绍闻一多生平事迹。8月20日，携眷飞重庆。23日，接受记者采访，谈闻一多生平。9月25日，写散文《我是扬州人》。10月7日，携眷飞北平。

之后，朱自清所做与西南联大有关的工作，一是沿着在昆明形成的思路继续写文章，如《论吃饭》《论朗诵诗》等；二是编辑他自己在昆明和后来所写的诗文成《语文影及其他》《敝帚集》等；三是主持编辑了《闻一多全集》并写了序、编后记等。

朱自清深情爱国。他生活的年代，国家战乱频繁，民不聊生。他身为大学教授，却难以养家糊口，一生都在贫困中度日。由于抗战时期生活粗劣，他患上了严重胃病，亟须医治，但没有钱，一拖再拖，身体瘦弱到体重不足40公斤，需要营养调理，可他连维持起码的生存都很艰难。在这种情况下，他毅然在相当于损失全家极其微薄收入的五分之二的"拒绝美国'救济粮'的声明书"上签字，以捍卫国家尊严和民族气节。尽管那时他对代表国家的政府已失望，但国家在他的心目中总是值得爱的：

> 我的国啊，
>
> 对也罢，
>
> 不对也罢，
>
> 我的国啊。

朱自清注解这句诗说："这句话可以有种种解释；这里是说，我国对也罢，不对也罢，我总不忍不爱它。"抗战以来，朱自清的思想中一直闪现着一个关键词：抗战建国。他把文艺与抗战建国相连，要求文艺为抗战建国这一主题服务。他作《诗与建国》大声疾呼："我们现在在抗战的同时也在建国……我们迫切地需要建国的歌手。"他特别关注爱国诗，作《抗战与诗》和《爱国诗》加以提倡，对于那些富于爱国精神的诗大力推荐，例如艾青的《火把》《向太阳》，臧克家的《东线归来》《淮上吟》，老舍的《剑北篇》，杜运燮的《滇缅公路》等他都作了介绍，他尤其推崇闻一多，说："抗战以前，他差不多是唯一有意大声歌咏爱国的诗人。"并认真分析了闻一多的《一个观念》和《一句话》。闻一多牺牲后，他从闻一多生命燃烧的火光里预见：

> 遗烬里爆出个新中国！

遗憾的是，朱自清没有能够看见这预言的实现。他在新中国诞生之前离开了人世，时间1948年8月12日。

朱自清一生品德优秀，精神崇高，无论做人做事还是治学教书，都达到了最好的境界，令人景仰。他去世后，亲朋好友和学生纷纷写文章怀念，郭良夫从文章中选出关于他治学和为人的 19 篇文章编成一册，名为《完美的人格》，殊为恰当。朱自清辞世了，他的人格却照彻了历史，照耀着未来。

【作品来源】

《新文学史料》2011 年第 3 期。

朱自清与《闻一多全集》

杨建民

导　读

　　朱自清与闻一多逝世的时间相距两年多，在这两年的时间里，前者以极大的精力与他人共同整理出版了闻一多的遗著，形成了《闻一多全集》。这使得两位著名人物的名字，更加紧密地联结在了一起。

一

　　以朱自清学生王瑶的说法："在生前，闻先生和朱先生的私交并不如一般所想象的那么深……"1932年，朱自清游历欧洲回国，在清华大学任教，同时兼任中国文学系主任；此时，闻一多也离开青岛大学到清华大学任教。这是朱、闻二先生同事论学的开始。

　　从他人对闻一多和朱自清回忆的文字上看，在性情上，他们之间是有很大不同的，可在治学的态度上，两人却有着十分一致的严谨。西南联大期间，朱自清曾与闻一多及几位同事，在昆明龙泉镇司家营的清华文科研究所里，一块住了有两年多的时间。那时候，闻一多的研究涉猎面已经相当广泛，他已经花了十多年功夫来研究《诗经》和《楚辞》。在此期间，他又开始研究《庄子》，先前一段时间，他攻读过《周易》，后来又转到伏羲神话上去了……在朱自清的眼里："闻先生是个集中的人，他的专心致志，很少人赶得上。研究学术如此，领导行动也如此。他在云南蒙自的时候，住在歌胪士洋行的楼上，终日在做研究工作，一刻不放松，除上课外，绝少下楼。当时有几位同事送他一个别号，叫做'何妨一下楼斋主人'，能这么集中，才能成就这么多。"

朱自清虽然不像闻一多一般专精，可研读专业相近，当然有常常讨教的机会。西南联大期间，朱自清曾对闻一多说，要细细地阅读他的全部手稿。闻一多许多研究心得，并未来得及整理发表，所以朋友之间，就有阅读手稿的先得之快。有意思的是，因为很近，觉得容易，在一起住的两年多时间，朱自清竟没有认真读下去。后来他们分别搬到了昆明城中，就难有这样便当的机会了。1946年初，朱自清因为写文章，需要参考闻一多的稿子，便一早赶到闻家。闻一多出去了，朱自清征得闻夫人的同意，将闻一多的手稿翻了出来查寻，不料越看越觉得有味，竟花了几个小时将闻一多的许多手稿都过了一遍。后来朱自清在一篇文章中回忆："闻太太去做她的事，由我一个人在屋里翻了两点多钟。闻先生还没有回，我满意的向闻太太告辞。"这真是可入《世说新语》的学人片段。

朱自清阅读闻一多手稿，留下了很深的印象："闻先生的稿子却总是百分之九十九的工楷，差不多一笔不苟，无论整篇整段，或一句两句。不说别的，看了就悦目。他常说抄稿子的同时也练了字，他的字有些进步，就靠了抄稿子。"可惜，距离朱自清这次翻阅手稿不过半年，闻一多竟遭杀害。当朱自清再次阅读稿子时，他已不是向朋友讨教学问，而是替闻一多编辑遗稿了。

 二

1946年7月15日，闻一多参加了李公朴的治丧活动。此次集会上，他发表了那篇著名的《最后一次演讲》（如今绝大部分选本，都对其中一段谈及司徒雷登的话作了删减）。就在这天傍晚回"联大"宿舍的途中，闻一多遭枪击身亡。同时遭到枪击的，还有他的儿子闻立鹤，他被射向父亲的子弹打成重伤。

当时西南联大已经放假，许多人已经离开昆明。此时的朱自清，也已回到成都家中。他得到闻一多身亡的消息，已是 7 月 17 日。在当天的日记里，这位勤谨的君子，发出了这样的愤慨："报载一多于十五日下午五时遇刺，身中七弹。其子在旁，亦中五弹，一多当时毙命，其子仍在极危险情况中。此诚惨绝人寰之事。自李公朴被刺后，余即时时为一多之安全担心，但绝未想到发生如此之突然与手段如此之卑鄙！此成何世界！"

当月 21 日，朱自清参加了在成都的西南联大校友会主持召开的闻一多追悼会，并在上面作了《中国学术界的大损失》的发言：

"闻一多先生在昆明惨遭暗杀，激起全国的悲愤。这是民主运动的大损失，又是中国学术的大损失。关于后一方面，作者知道的比较多，现在且说个大概，来追悼这一位多年敬佩的老朋友。"

这一段时间，朱自清先后数次参加各界追悼闻一多的活动。这些场景使他感到了极大的震撼。8 月 16 日，已经二十年不写新诗的朱自清，满怀对亡友的追思，写出了一首《挽一多先生》：

> 你是一团火，
>
> 照彻了深渊；
>
> 指示着青年，
>
> 失望中抓住自我。
>
> 你是一团火，
>
> 照明了古代；
>
> 歌舞和竞赛，
>
> 有力猛如虎。
>
> 你是一团火，
>
> 照见了魔鬼；
>
> 烧毁了自己！
>
> 遗烬里爆出个新中国！

两天后，成都各界举行李公朴、闻一多惨案追悼大会。大会邀请朱自清报告闻一多生平事迹。开会之前，有许多传闻，都说当天可能要出事。一些人因此不敢前往。朱自清本着他的正义感，毅然前往，并做了报告。据参与者回忆："（朱自清报告）不但博得全场掌声多次，而且使听众都纷纷掉泪。"

不久，《新华日报》记者也就闻一多事件采访了朱自清。采访中，朱自清对闻一多的爱国一面，作了充分的赞扬："在成都召开的追悼李、闻大会上，由我报告闻先生的生平事略。我与闻先生有十多年的交游，对闻先生的学问、为人极为推崇，对闻先生的死甚为愤慨！"谈到闻一多的思想变化，他深刻地说："闻先生思想转变是因为政治上的黑暗与实际生活的逼迫。他教育青年，又为青年所鼓舞！闻先生一生中，有一个一贯的精神，那就是他的爱国精神。"

三

西南联大迁返北平后不久，为纪念学校为国献身的志士，清华大学校长梅贻琦先生，决定成立"整理闻一多先生遗著委员会"。学校聘请了七位教授作为委员，他们是：朱自清、雷海宗、潘光旦、吴晗、浦江清、许维遹、余冠英。七人中，指定朱自清为召集人。

论做事，朱自清是个十分忠恳的人。每得到一项任务，他总是竭尽全力，争取一丝不苟地完成。作为整理闻一多遗著委员会的召集人，在很短的时间内，他就先行将闻一多已经出版过的著述拟出了一个目录来。1946年1月30日，朱自清召开了该委员会第一次会议。

闻一多的家属希望借此机会，能将他的全集先编辑出来。在第一次委员会上，大家都表示同意。可是，委员同仁却考虑，这个"全集"虽然由大家出力编辑，但是应由家属去印出发行，大家不必列名。文人在此时，现出了自己清高的一面。委员们是不忍列名编辑，但从"全集"稿酬中取一份应得的编辑费用。

在这次委员会上，还讨论到闻一多大量未完成的遗稿。大家认为：这些遗稿颇有价值，应当整理出来。于此又根据各自的专业侧重做了分工：许维遹负责《周易》《诗经》部分；余冠英负责乐府和唐诗部分；朱自清则总负责。分工完毕，大家考虑到整理完成这些遗稿，至少得用两三年的时间，为了尽快让"全集"面世，这部分待整理的遗稿就不编入"全集"了。接下来，朱自清拿出自己先前拟出的"全集"篇目，请委员会同仁过目，希望能有所补充。

这份"全集"篇目，朱自清后来交给在报界比较熟悉的吴晗，希望能在报刊上先行发表，以使读者们能提供没有编入的篇目，或者将有篇目而没有文本的文章，请读者抄寄给编辑委员会。"全集"篇目在天津《大公报》和上海《文汇报》发表后，先后收到了一些读者或闻一多学生的来信。这些信虽然不多，但提供的文章线索却并不少，这就使得这部全集的篇目更加完善了。

从后来印出的《闻一多全集》看，内容分成了八个部分：甲集"神话与诗"；乙集"古典新义"；丙集"唐诗杂论"；丁集"诗与批评"；戊集"杂文"；己集"演讲录"；庚集"书信"；辛集"诗选与校笺"。这样分配，是朱自清考虑的。他后来曾说，"拟目分为八类，是我的私见，但是'神话与诗'和'诗与批评'两个类目都是闻先生用过的演讲题目，'唐诗杂论'也是他原定的书名"。文稿没有按年代，而是以性质分类，这也是朱自清决定下来的。

四

即使在今天这样条件相当优越的情况下，整理一部"全集"也是十分费力的事。在半个世纪前的中国，仅从技术方面考虑，难度就不知需要增加多少倍。此外，人员的组织，稿子的抄录……那都是需要十分细致、周详的安排才能较好完成的事。这些琐细事，主要是朱自清来做的。在《闻一多全集》的跋文里，对朱自清的贡献，吴晗这样写道：

"为了这部书，他（朱自清）花费了一年的时间，搜集遗文，编缀校正，遗稿由昆（明）北运时，有一部分遭了水渍，他请人逐页揭开并抄写。他拟定了目录，选编了尺牍，发表了许多篇未刊的遗著。并且，在他领导之下，动员了中国文学系全体同人，分抄分校，分别整理了这集子以外的许多著作。一句话，没有佩弦（朱自清）先生的劳力和主持，这集子是不可能编集的。"

当时的朱自清，还是中文系的负责人。他的工作，当然不限于编《闻一多全集》一项。几乎同时，他还必须考虑中文系整个学程安排等事项；他是学者，还有许多研究文章要写；他是教师，还有教学课程需要准备……就在这样忙碌的情况下，在短短半年多一点的时间内，他与同仁将《闻一多全集》编辑了出来。个中甘苦，难以言喻，可朱自清在"后记"中，还这样说："惭愧的是我这负责编辑的人，因为时间紧迫，不能处处细心照顾。"当然，他也对同仁的努力简要地说了一句："我们大家都很忙，所以工作不能够太快。我们只能够做到在闻先生遇难的周年祭以前，将全集抄好交给家属去印。"

从来谦逊的朱自清没有多谈自己的作用，却连帮助抄稿的同仁也提到了："一方面我们托了同事何善周先生，也是闻先生的学生，他专管找人抄稿。"这次编辑《闻一多全集》，大家基本是义务的："抄写也承各位抄写人的帮忙，因为我们报酬少。全集约一百万字，抄写费前后花了许多。最初请清华大学津贴一些，后来请家属支付一半……"抄写者是外人，所以得付费的。

用了半年多一点时间，紧紧张张，《闻一多全集》总算大致编成。此时，还有一项重头工作——"全集"必须得有一篇有分量，能公允评价闻一多各方面成就的序言。这项任务，朱自清责无旁贷。1947 年 8 月，朱自清经过很大的努力，完成一篇数千字的《闻一多先生怎样走着中国文学的道路》长文。文章开头，朱自清对闻一多整个生命过程作了这样的介绍："他是一个斗士。但是他又是一个诗人和学者。这三重人格集合在他身上，因时期的不同而或隐或现。"在对这三方面做了充分介绍后，文章的最后从本质意义上，又落脚到了闻一多的贡献上：

"闻先生对于诗的贡献真是太多了！创作《死水》，研究唐诗以至《诗经》《楚辞》，一直追求到神话，又批评新诗，抄选新诗，在遇难的前三个月，更动手将《九歌》编成现代的歌舞短剧，象征着我们的青年热烈的恋爱与工作。这样将古代跟现代打成一片，才能成为一部'诗的史'或一首'史的诗'。其实他自己的一生也就是具体而微的一篇'诗的史'或'史的诗'，可惜的是一篇未完成的'诗的史'或'史的诗'！这是我们不能甘心的！"

五

"全集"编好，送给了家属。闻一多家属已与开明书店签了出版合同，事情总算大致告一段落。可是，对于闻一多遗著的整理工作，朱自清并没有停下手来。闻一多的遗稿《全唐诗人小传》并未完成，那可是一项有意义的大工程。朱自清计划着，自 1948 年暑假后开始，由清华大学中文系的同仁集体来完成。扩充内容，形成一部《全唐诗人事迹汇编》。这项工程，所需的人手众多，工作量极大，组织起来自然难度极大，可是朱自清主动将组织工作承担了起来。

1948 年 7 月 15 日，朱自清在自己的病十分危重的情况下，参加了清华学生自治会举行的闻一多先生死难两周年纪念会。当晚朱自清与吴晗坐在第一排，现场关熄电灯，燃起烛光，在栩栩如生、长髯飘拂、含着烟斗的闻一多画像下面，朱自清用低沉的声调，报告《闻一多全集》编辑和出版情况。他的弟子王瑶还记得，朱先生说：又找到两篇文章没来得及收进去，很遗憾。可见文字虽已经发排，后续工作却一直不曾停顿。这是朱自清去世前一月的事情。

朱自清逝世后，吴晗写出一篇纪念短文，其中专门谈到朱自清与《闻一多全集》的关系："一多全集的出版，我曾经说过，没有你是出版不了的，两年来你用大部分的时间整理一多遗著。我记得，在这两年内，为了一篇文章，一句话，一封信，为了书名的题署，为了编纂人的列名，以及一切细枝末节，你总是写信来同我商量。只有我才能完全知道你对亡友著作所费的劳力和心血。"朱自清对于《闻一多全集》的出版，心力的付出，达到了如此的地步。

其实，就在朱自清病危前数天，他仍在为闻一多的遗稿操劳。去世的前一天，他手编的闻一多手稿分类目录，在校刊上发表；而这批手稿的数量，是254册又2包，光翻阅一次，那也将耗费不少时间。目录编毕，他又妥当地将这批手稿，放在清华中文系保存。他甚至在生命的最后一息，仍在做着这项工作。据王瑶回忆："他死后我在他的书桌上看见一个纸条，是入医院之前写的。上书'闻集补遗：（一）《现代英国诗人》序。（二）《匡斋谈艺》。（三）《岑嘉州交游事辑》。（四）《论羊枣的死》。'他已经又搜罗到四篇闻先生的作品了。"

尽管为《闻一多全集》花去了朱自清生命最后两年的许多时光，可惜《闻一多全集》于1948年8月底由开明书店印出后，朱自清却见不到了。当月12日，朱自清因病医治无效辞世。朱自清在纪念闻一多的文章中说："他是不甘心的，我们也是不甘心的。"这句话，他的弟子王瑶也借用过来："闻先生的全集于1948年8月底出版，而朱先生已于8月12日积劳逝世。这又何尝不可以说'他是不甘心的，我们也是不甘心的'。"

吴晗此时痛心地说："但是，一多遗集你竟不及见了，也许，两周内，一月内，书到了我手里，送到你府上时，看到的是你的遗像。你的书房空了，再也看不到书桌上的手稿、烟灰碟上的烟蒂。你想，教我怎么样能忍着眼泪进你的门，怎么样能把一多的书面交你的夫人和孩子，而不痛哭？"

虽然后世因为毛泽东的赞誉，常常将闻一多、朱自清并称而论，可了解到以上情况，我们不得不说，比较朱自清，闻一多还是幸运的。他充分地利用时间，为同事、亡友闻一多，编辑完成了"全集"；将其他遗稿，作了仔细妥善的安排。而这两年，正是社会处在大变局的关头，朱自清自己的身体每况愈下，而他将自己最后一脉心火，为闻一多的遗业充分燃烧着。从这一点看，闻一多的确是幸运的。

从我们对闻、朱两位先贤著作的阅读中，我们能感受到，闻一多先生是诗人，是一团火。他的生命，为他的事业激情燃烧着，所以他的诗作、著述、论文，都那么韵味十足，音节铿锵；所以他能为诗，为学术，为民主而奋身不顾。朱自清，却是恂恂儒雅一君子，勤勉谨慎，这从他的文字中多有透露。然而他又是真君子，"重然诺"。一件事，只要承担下来，就同样奋不顾身。不管多大困难，仔细地、不计较个人得失地一一完成它。这一点又与闻一多精神相仿。难怪将这两位性格有极大差异的人并称，我们不觉得有多少不谐。在传达知识分子应有风骨这一点上，他们是相当一致的。这一致的精神，是异常明亮，恒久不熄的，也是后来知识分子应当最大限度继承、发扬的！

‖作品来源‖

《党史博采》（纪实）2012 年第 1 期。

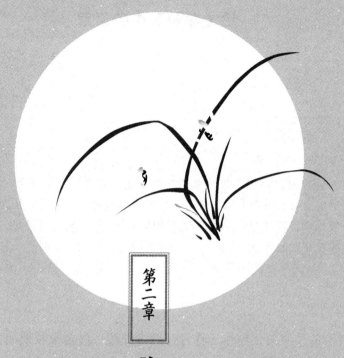

第二章

脉脉真情·作品特色

论《匆匆》中的修辞

王双腾

导　读

　　《匆匆》作为朱自清散文中的名篇，广受赞誉的同时也因为行文中过多的修辞而受到批评。本文在对《匆匆》全文进行梳理后，从描写对象、写作背景等角度对文中修辞手法的运用进行评析，进而给出客观公正的评价。

　　朱自清的《匆匆》创作于作者任职浙江第一师范学校期间，作为一首散文诗，《匆匆》既像诗一样形象、精练，富有抒情性、节奏感、音乐美，又像散文一样，于自由洒脱之中饱含哲理，由此成为现代文学中的经典之作。但叶圣陶在《朱佩弦先生》一文中指出，《匆匆》"有点儿做作，太过于注重修辞，见得不怎么自然"。修辞由此成为如何评价《匆匆》一文的关键所在。

　　身为现代散文名家、朱自清的挚友，叶圣陶的论断并非毫无根据，《匆匆》仅有 541 字，但通篇都是各种修辞，确有"太过于注重修辞"之嫌。文章开篇以"燕子""杨柳""桃花"等兴象起兴，营造出一种飘忽邈远、如梦似幻的悠远意境，将读者引入飞逝的时光之中。接着，作者采用顶针的手法引入四个问句："你告诉我，我们的日子为什么一去不复返呢？"如此安排，文章节奏骤然加快，在一系列问句之中，原本抽象的时间被巧妙地具象化、拟人化。第二段中，作者将消逝的过去比作"像针尖上一滴水滴在大海里""没有声音，也没有影子"，形象、贴切地表现出时光逝去时的悄无声息。第三段是全文的主干，一开头，作者写道："去的尽管去了，来的尽管来着；去来的中间，又怎样地匆匆呢？"在对偶的句式以及一记疑问中凸显"去""来"二字，进一步表现时光的飞逝。随后，作者将阳光拟人化："太阳他有脚啊"，在"茫茫然跟着旋转"中引出一天里的"洗手时""吃饭时""默默时"等六个生活片段，并采用"从水盆里过去""从饭碗里过去""从凝然的双眼中过去"等拟人手法，将时间完全人格化，使原本无形的时间成为与作者朝夕相伴的伴侣，一方面生动表现出时间稍纵即逝的状态，另一方面则将作者面对时光飞逝时欲留不能、欲追不及的慌惜与怅然的心理传神地表现出来。倒数第二段中，作者将"过去的日子"比作"轻烟"，"被微风吹散了"，比作"薄雾"，"被初阳蒸融了"，字里行间流露出在时光流逝中的无限怅惘。值得注意的是，这一段的全部六句话都采用问句，而在仅有一句话的最后一段，更是一问到底："你聪明的，告诉我，我们的日子为什么一去不复返呢？"全文在连续七个问句中戛然而止，作者与读者的情感由此被彻底拉入文章之中，欲罢不能，开始了对时光匆匆的苦苦思索。

通过以上对全文的梳理，修辞在文中所占的巨大比重已是显而易见。散文诗本应以清淡自然为宗旨，《匆匆》却为何如此一反常态？其中原因，笔者认为可以从以下几个方面进行分析。

首先，《匆匆》一文描写的主要对象是时间。对于时间，由于人们在现实生活中无法睹其形貌，因而描写起来十分困难。倘若仅有主观上面对时光流逝时的怅惘与痛惜，而无法将时间这一引发感情的对象呈现在读者眼前，文章便会显得空洞无物。为此，文学家常常会调动各种感觉对其进行描写，即采用通感的艺术手法，但时间作为一种抽象的概念，人们仅仅能在思维意识中意识到它的存在，而对它的感觉到底如何，则很难知晓。于是，要对时间进行描写，通过各种修辞手法化抽象为形象便成为最佳的途径。古今文学作品之中，对于时间的描写策略大致可以分为两类。其一，直接将时间比作具体事物，如曹操《短歌行》中的"譬如朝露，去日苦多"，即用"朝露"的短暂比作时光的易逝。《匆匆》一文中，"像针尖上的一滴水滴在大海里""过去的日子如轻烟"等皆属于此类。其二，通过某种事物引起人们对于时间的思索，如刘希夷《代悲白头翁》中的"今年花落颜色改，明年花开复谁在"

和"年年岁岁花相似，岁岁年年人不同"。即以落花引起人们对于光阴易逝的思索。《匆匆》开篇时采用的一连串兴象与此如出一辙。此外，《匆匆》中大量问句的出现在之前的文学作品中也有类似情况，如张若虚《春江花月夜》中便连续以"江畔何人初见月？江月何年初照人？"等问句慨叹时光的飞逝，而这一文学现象或许与作者创作时的内心情感激荡有关。值得注意的是，由于所选素材的生活化，《匆匆》一文对于时间的描写并未完全陷入古人的窠臼，"看太阳""洗手""凝神""睡觉""叹息"……这些都是日常生活中再普通不过的生活片段，据此引出对时间的深邃思考，这样的安排不仅便于读者理解与接受，同时也成为《匆匆》一文广受青睐的重要原因。

其次，《匆匆》一文写作时有作者心中深厚的情感郁积。朱自清一生经历了整个新民主主义革命时期，与当时的大多数青年一样，五四运动激荡了他的心灵。在北大，积极参加平民教育演讲团；毕业后在杭州、扬州、台州任教时加入文学研究会，筹办"湖畔"诗社。短短的几年里，朱自清做了一位文人所能做的一切，内心激情可见一斑。随着"五四"退潮，"呐喊"后的"彷徨"笼罩了整个社会，但朱自清此时身处风景秀美的杭州，经济十分宽裕且有好友叶圣陶相陪，现实中的失意被暂时压在了心里。1922年，叶圣陶受蔡元培之邀赴北大任职，此时朱自清已将家人由扬州接至杭州，挚友的离去使情感陷入孤独，家人的到来又使原本宽裕的生活变得拮据，现实的残酷由此充斥心灵。《匆匆》一文写于上述情况发生不久的1923年，作者回想五四时期的指点江山，再看看现在狂潮退后的荒滩一片，又联想到此时自己的无能为力，感到的"只有徘徊罢了，只有匆匆罢了"，心中郁积的块垒便在作品中通过一连串的疑问抒发出来。但文如其人，朱自清的好友孙伏园在《悼佩弦》中回忆说："佩弦有一个和平中正的性格，他从来不用猛烈刺激的言辞，也从来没有感情冲动的语调……他的这种性格近乎少年老成……"由于这种内敛的性格，行文之中便不自觉采用一系列修辞为这些疑问披上平易的外衣，所以，《匆匆》全文即便一问到底，读来却毫无局促之感。

最后，《匆匆》一文处于朱自清的创作由诗歌转向散文的过渡时期。朱自清的创作生涯大致可以1923年为界分为前后两期。前期的朱自清受新文化运动影响，热衷于新诗的创作，《睡罢，小小的人》《小鸟》《满月的光》等作品均为早期新诗中的上乘之作，1923 年发表的《毁灭》更是被俞平伯赞为"风格的婉转缠绵，意境的沉郁深厚，音调的柔美凄怆，近于《离骚》"。同样在 1923 年，与俞平伯同题共作《桨声灯影里的秦淮河》则标志着朱自清创作重心的转移，在此之后不久，于温州写成的《月朦胧，鸟朦胧，帘卷海棠红》与《绿》两篇，于宁波写成的《白水漈》，同《生命的价格——七毛钱》一起构成名为《温州的踪迹》一组散文，从此散文创作便一发而不可收。创作于 1922 年的《匆匆》不可避免地带有这一转变之中的痕迹，如作品开头的起兴："燕子去了，有再来的时候；杨柳枯了，有再青的时候；桃花谢了，有再开的时候。但是，聪明的，你告诉我，我们的日子为什么一去不复返呢？"以这几句不分行的诗开头，显得轻灵纤巧、自由洒脱，跳跃着一种美的节奏与旋律，使文章自然而然地获得了诗的情绪与韵味。与此类似，与《匆匆》创作于同一时期的作品也显示出这种诗歌与散文交融的倾向，如《转眼》中"理不清的现在，摸不着的将来，谁可懂得，谁能说出呢？况他这随愁上下的，在茫茫漠漠里，还能有所把捉么？"要说这类作品是诗，可句子参差不齐且不押韵；要说是散文，篇幅又太短。所以还是定名为"散文诗"最为恰当，而将思想进行诗化的表述时，在散文中引入诗歌创作中常用的修辞技巧便水到渠成了。

通过上述分析我们可以看到，《匆匆》一文大量的修辞并非作者一味堆砌、意在炫耀，而是面对特定描写对象时的慎重选择以及内心真实情感的自然流露。面对飞逝的时光，作者并未作空洞乏味的说理，而是将自己在特定环境中的感兴依托在自然生活的多种可感景象里，从而使思绪化为形象，抽象化为具体，并通过一系列的追问、反问、责问，表现出虽然身处徘徊之中，却不甘光阴"匆匆"而过的复杂情感。大量修辞由此融入字里行间，与《匆匆》一起在现代文学的殿堂里散发出永恒的光芒。

作品来源

《语文学刊》2015 年第 15 期。

缘情造境谐情发声——读朱自清的散文诗《匆匆》

郑文波

导　读

《匆匆》是诗人的感兴之作。诗人随着情绪的飞动将空灵的时间形象化，通过一连串的疑问句，自然而然地流露出内心的自我斗争、自我剖析的痛苦，也可以看出他徘徊中的执着追求。在朴素平淡中透着浓烈的抒情气氛。

朱自清的散文诗《匆匆》写于 1922 年 3 月 28 日。时是"五四"落潮期，现实不断给作者以失望。但是诗人在彷徨中并不甘心沉沦，他站在他的"中和主义"立场上执着地追求着。他认为："生活中的各种过程都有它独立的意义和价值，每一刹那有每一刹那的意义与价值！每一刹那在持续的时间里，有它相当的位置。"（朱自清《给俞平伯的信》）因此，他要"一步一步踏在泥土上，打下深深的脚印"（朱自清《毁灭》），以求得"段落的满足"。全诗在淡淡的哀愁中透出诗人心灵不平的低诉，这也反映了"五四"落潮期知识青年的普遍情绪。

《匆匆》是诗人的感兴之作。由眼前的春景，引动自己情绪的俄然激发，诗人借助想象把它表现出来。想象"使未知的事物成形而现，诗人的笔使它们形象完整，使空灵的乌有，得着它的居处，并有名儿可唤"（莎士比亚《仲夏夜之梦》）。诗人把空灵的时间、抽象的观念，通过现象来表示，而随着诗人情绪的线索，去选择、捕捉那鲜明的形象。诗人的情绪随着时间从无形到有形，从隐现到明晰的一组不断变化的画面而呈现出起伏的浪花。

"燕子去了，有再来的时候；杨柳枯了，有再青的时候；桃花谢了，有再开的时候"，诗人几笔就勾勒出一个淡淡的画面。作者不在于描绘春景的实感，而在于把读者带入画面，接受一种情绪的感染，同时又作形象的暗示：这画面里现出的大自然的荣枯，是时间飞逝的痕迹。由此诗人追寻自己日子的行踪。可是"我"的日子却"一去不复返"，看不见，摸不着，是被人"偷了"还是自己"逃走"了呢？自然的新陈代谢的迹象和自己无形的日子相对照，在一连串疑问句中透出诗人怅然若失的情绪。

"像一滴水滴在大海里，我的日子滴在时间的流里。"把自己八千多的日子比成"一滴水"，新奇的比喻，极度的夸张，和喻成大海的时间之流的浩瀚相比，而突出自己的日子"没有声音，没有影子"的特点。实际上，这里有自己日子的踪迹，一滴水是它的具象，滴水在大海里，有它微微的声音。诗人竭力从视觉和听觉上去感受它，搜寻过去的日子。可是八千多日子却悄无声息的"溜去"了。时间之无情，生命之短暂，使诗人不禁"头涔涔"而"泪潸潸"了。

时间是怎样的"匆匆"呢？诗人并没有作抽象的议论，他把自己的感觉、潜在的意识通过形象表现出来，"把触角穿透熟悉的表面，向未经人到的那里"，寻那"新鲜的东西"（朱自清《诗与感觉》）。因此，空灵的时间被形象化了，习以为常的生活画面里透出诗人"独得的秘密"。

"早上，小屋里射进两三方斜斜的太阳。太阳他有脚啊，轻轻悄悄地挪移了。"太阳被人格化了，她像一位青春年少的姑娘迈动脚步来了，是那样轻盈可爱。诗人借客观事物描绘他主观想象的东西，太阳脚步的"挪移"又使他感情的浪花推移着；另一方面，诗人把自己的主观感情移植在太阳身上，把自己全部的爱倾注在上面，好像对待自己所恋的姑娘，随着太阳的"挪移"也"茫茫然跟着旋转了"。接着，诗人用一系列排比句展示了时间飞逝的流。吃饭、洗手、默思，是人们日常生活的细节，诗人却敏锐地看到时间的流过。当他企图挽留时，它又伶俐地"跨过"，轻盈地"飞去"，悄悄地"溜走"，急速地"闪过"了，时间步伐的节奏越来越快。诗人用活泼的文字，描写出时间的形象是在不断地变化之中，给人一个活生生的感觉，我们听到了时间轻悄、活泼的脚步声，也听到了诗人心灵的颤动。

在时间的匆匆里，诗人徘徊、深思而又执拗地追求着。黑暗的现实和自己的热情相抵触，时间的匆匆和自己的无为相对照，使诗人更清楚地看到："过去的日子如轻烟，被微风吹散了，如薄雾，被初阳蒸融了。"如果说第三节还是以作者一天的具体感受来反映时间的流逝，以个别来反映一般的话，在这里，作者就把八千多日子的流逝作了高度的概括，使时间匆匆而去的各种影像凝聚在一个点上，使时间流逝的情况更加清晰可感：有色彩，是淡蓝色、乳白色的；有动感，是被"吹散去"，被"蒸融了"。诗人看到了，触到了，清醒地用全部身心去感受时光的流逝，追寻自己生命的"游丝般的痕迹"。

诗人随着情绪的飞动，缘情造境，把空灵的时间形象化，又加之一连串抒情性的疑问句，自然而然流露出他心灵的自我斗争、自我剖析的痛苦，也可看出他徘徊中的执着追求。在朴素平淡中透着浓烈的抒情气氛。

诗歌具有音乐美的素质。格律诗靠格律和韵来体现它的音乐性，自由诗也用分行和韵来保持它的节奏感。散文诗抛弃了这一切外在的形式，它的音乐美，从诗人内在情绪的涨落和语言节奏的有机统一中自然地流露出来。亨特认为："虽是散文，有时也显出节奏之充分存在，因而它岔出了它的名义上的类型，而取得了'散文诗'的名义，就是在诗的领域里的一种半节奏的作品。"《匆匆》就是这样的一部"半节奏的作品"。

《匆匆》表现作者追寻时间踪迹而引起情绪的飞快流动，全篇格调统一在"轻悄"上，节奏疏隐绵远，轻快流利。为配合情绪的律动，作者运用了一系列排比句："洗手的时候，日子从水盆里过去；吃饭的时候，日子从饭碗里过去；默默时……"相同的句式成流线型，一缕情思牵动活跃而又恬静的画面迅速展开，使我仿佛看到时间的流。而且句子大多是短句，五六字一句而显得轻快流畅。句法结构单纯，没有多层次的变化，如一条流动的河连续不断，如一条调和的琴，泛着连续的音浪。它的音乐性不是在字音的抑扬顿挫上着力，而是在句的流畅轻快上取胜。作者并没有刻意雕琢，而只是"随随便便写来，老老实实写来"，用鲜明生动的口语，把诗情不受拘束地表现出来，语言的节奏和情绪的律动自然吻合，使诗更加匀称和谐。

《匆匆》叠字的运用也使它的语言具有节奏美。阳光是"斜斜"的，它"轻轻悄悄"地挪移，"我""茫茫然"旋转，时间去得"匆匆"，它"伶伶俐俐"跨过……这些叠字的运用，使诗不仅达到视觉的真实性，而且达到听觉的真实性，即一方面状时间流逝之貌，一方面又写出时间迈步之声。同时，诗人一方面状客观之事，一方面又达主观之情，现实的音响引起诗人情绪的波动，通过语言的音响表现出来，情和景自然地融合在一起。我们还可看到诗人将叠字自然匀称地分布在各句中，以显出它们的疏隐绵远的节奏来，这恰恰吻合了作者幽微情绪的波动。

复沓的运用，也是散文诗维持其音乐特点通常运用的手段。所谓"言之不已，又重言之"，既显出诗人感慨的遥深来，又增加了诗的旋律感。"只有徘徊罢了，只有匆匆罢了；在八千多日的匆匆里，除徘徊外，又剩些什么呢？""徘徊""匆匆"等字眼反复出现，一种幽怨之情反复回荡。"我留着些什么痕迹呢？我何曾留着像游丝样的痕迹呢？"相同的意思因句子数字的变化，使感情层层推进，在参差中又显出整齐的美。结句的反复，反复强化作品的主旋律，画出诗人感情起伏的波澜。复沓的运用，反复吟咏，起到了一唱三叹的效果。

《匆匆》结构也十分单纯，十一个问句是情绪消长的线索。问而不答，飘忽而过，既显出作品的流畅感，也显出诗绪的跳跃性，使形象得以迅速展开。一般诗句为显示情绪的跳跃性，往往别于一般的语言句法结构，不顾语法的限制，省略一些句子成分。散文诗却不然，它基本运用的是散文的句式，作者情绪的跳跃一般没有自由诗那样大的跨度。但它也别于散文，句与句、段与段之间形成间隙，凭借作者的思绪连接。《匆匆》的问句问而不答，而答意隐含之中，这既可启迪读者的想象，引起深思，显出它的含蓄美，又和着作者情绪的飞快流动，显出诗情跳荡的节奏美来。

【作品来源】

《名作欣赏》1983 年第 1 期。

年华似水咏叹调——朱自清散文诗《匆匆》赏析

王玉俊

导 读

　　文章以朱自清的散文诗《匆匆》为主线，分析诗篇产生的社会背景，阐释朱自清先生如何以细腻的笔触阐释自己在匆匆而过的光景中产生的各种心绪，为语文研究提供有价值的参阅资料。

　　朱自清是"五四"新诗开拓时期的重要诗人。他的长诗《毁灭》，在诗坛上发生过重大影响。1925 年，到清华大学任教，在创作上逐渐转向散文。他在新文学这块园地上辛勤地耕耘，先后写出了《桨声灯影里的秦淮河》《温州的踪迹》《背影》《荷塘月色》等许多脍炙人口的散文名篇，成为现代文坛上著名的散文家。《匆匆》作于 1922 年 3 月，正是他在创作上从诗逐渐转向散文的时候，它同时具有诗和散文的特点，既有诗一样的丰富感情、形象、精练，又有散文一样的自然亲切、自由洒脱、饱含哲理，是一篇情文并茂，寓意深刻的散文诗。作者抒发的独特感受、创造的独特意境，有着时代的某些特征和个人思想的特点。为了准确地理解这篇作品的艺术境界，有必要了解作者创作时的思想状况。

　　这篇散文诗写于"五四"退潮时期，这是新的革命高潮尚未到来，沉寂与动荡、失望与希望相交织的年代。五四运动退潮后，大多数在新文化运动高潮中觉醒奋起的知识分子感到失望和彷徨，经历了满怀苦闷寻找出路的思想历程。这时，朱自清的思想也处在十分苦闷的时期。正如他自己说的："在歧路面前，我只有彷徨罢了。"（朱自清《哪里走》）他由于看不清现在，摸不着将来，感到空虚与惆怅。但他并没有退缩落荒，也没有颓唐叛变，而是"认真处世"。他在致俞平伯的信中说："日来时时念旧，殊低徊不能自已。明知无聊，但难排遣。"

"回想上的惋惜"是难以自克的事。这"惋惜"不禁令人叹惋时月不可留。他想将这宗心绪写成诗一首，名曰《匆匆》。可是，这时的朱自清不愿蹉跎岁月，虚度年华，在风尘中老去，虽彷徨仍有所作为。他这种心境，在《匆匆》中进行了尽情的抒写。作品一开始便用三个排比句式点出了燕去再来、柳枯再青、花谢再开这些自然现象，但诗人触景生情，却联想到时光的流逝会一去不复返，便发出了一连串饱含哲理的疑问："我们的日子为什么一去不复返呢？一是有人偷了他们罢：那是谁？又藏在何处呢？是他们自己逃走了罢：现在又到了哪里呢？"引出了对时光匆匆流逝的无限感慨，以上是第一段。

接下来三段，诗人追溯往昔，直面现实，同时瞩目未来。追溯过去，默算着二十四年八千多个日子的行踪，日子溜去却无声无息，无影无踪，诗人想到已经逝去的时光，"不禁头涔涔而泪潸潸了"。表现了诗人惜时伤时，惋惜悔恨的痛苦心情。当思路回到现实中来时，诗人逐步描绘出从早起到晚睡一天之中匆匆的光景，笔触细腻。面对匆匆而过的光景，诗人"掩着面叹息"，难以自克。但他不想在惋惜、怅惘之中沉沦，"在逃去如飞的日子里"，他瞩目未来，提出"在千门万户的世界里的我能做些什么呢"的疑问，尽管当时他还做不出明确的答复，这当中含有进退维谷的痛楚，继而在痛楚中坚定了对生活的追求，着实难能可贵。第四段的结尾诗人写道：

……我赤裸裸来到这世界，转眼间也将赤裸裸的回去罢？但不能平的，为什么偏要白白走这一遭啊！

这里，表明了诗人不甘屈服于忧伤苦闷，而是要抓住匆匆流逝的时月，积极地进取。这种直面现实的勇气、进取的人生态度，在当时的环境下是十分可贵的。它体现了"五四"退潮后正直的知识分子虽苦闷彷徨，但不甘沉沦，要有所作为的思想特色，表现了朱自清积极进取，朴实诚恳的高尚品格。二、三、四段生动描绘了时光匆匆而过的踪迹，诗人以细腻的笔触清楚地刻画了自己在来去匆匆的光景中产生的各种复杂心绪，有惋惜与悔恨，有叹息与惶惑，也有怅惘与追求。这样的心绪构成了全文的主体框架。

最后一段，与开头回应，重复开篇提出的问题，在匆匆流逝的时光面前严肃思考生命的价值。

《匆匆》的主旨是诗人通过倾吐自己对时日匆匆这一瞬间的独特感受表现出来的。而作者在抒发这感受时，不作空洞的呼喊，而是依托于大自然多种可感的景象，使抽象的思绪化为形象。由此，朱自清把重心放在了对匆匆流逝的时光的描写上面，诗人的内心波澜主要是通过对时光流逝的形象化的描绘表现出来的。

为了使内心的情思能突出地形象地表现出来，作者发挥自己的艺术想象力，去捕捉那"匆匆"的时光，以拟人的手法，描写得形神兼备，活灵活现。那太阳有脚，会"轻轻地挪移"，日子从"水盆里""饭碗里""双眼前""手边"过去，从我"身上""脚边""跨过"，"飞过"，"溜走"。真是来去匆匆，光阴似箭。诗人扣住"太阳有脚"这一点，把时间这个空灵对象写得新鲜活泼，使无情之物显得性格活泼，步履轻捷，来去轻悄匆忙，充满了人情味。而拟人化了的太阳，则是诗人情感的意象，借助它抒发自己在特定环境里特殊的思想感受。如在时光来去匆匆中，诗人开始感到"茫茫然"后，"觉察他去的匆匆"时，"伸出手遮挽"，却无法阻挡，时光"又溜走了"，这时只好"掩着面叹息"了。诗人在匆匆流逝的时光面前，那种欲留不能、欲追不及的心情形象真切地传达出来了。

在《匆匆》里，朱自清也多次使用比喻手法。使无形化为有形，使人获得具体形象的感受和深刻的启迪。他将已经逝去的日子比喻为"像针尖上一滴水滴在大海里"，"针尖上一滴水"和"大海"两者的差距极其鲜明，唯其渺小更应珍惜。作者进一步把自己的生命和大自然的时间做了具体的对比，他写道："过去的日子如轻烟，被微风吹散了，如薄雾，被初阳蒸融了……""轻烟""薄雾"极言其空虚飘忽，不务实际，比喻不但清新而且融进了诗人那无限怅惘的情绪。

朱自清的诗文在语言上有很深的造诣。散文诗《匆匆》和他的一系列散文名篇，在当时曾被人们誉为"白话美术文"的典范。朱自清在提倡文章的"谈话风"，努力使文学语言口语化的同时，又十分重视如何使语言更精美，具有音乐的美感。他爱用而又善用叠字叠词，据有人统计，《荷塘月色》使用叠词就有二十六处，《桨声灯影里的秦淮河》竟达七十二处，而全文仅有五百二十四个字的《匆匆》使用叠词也有十二处之多。所用的叠词不仅数量多且形式各异。如"匆匆""渐渐""斜斜""白白"；又如"头涔涔""泪潸潸""赤裸裸""默默里""茫茫然"；再如"轻轻悄悄""伶伶俐俐"。这些叠词的不同形式的组合运用，造成了音律和谐，表达了不同的情态。《匆匆》全篇句式多样，极富变化。有联结全篇、步步展露内心思绪的发问句，如"我们的日子为什么一去不复返呢？"有化无形为有形的对偶句，如"过去的日子如轻烟，被微风吹散了，如薄雾，被初阳蒸融了"。有描绘时光来去匆匆，无可挽留的排比句，如："燕子去了，有再来的时候；杨柳枯了，有再青的时候；桃花谢了，有再开的时候。"又如："洗手的时候，日子从水盆里过去；吃饭的时候，日子从饭碗里过去；默默时，便从凝然的双眼前过去。"此外，更多的是自由洒脱的散句，其中有的使用长定语，有的使用倒装句式，以增加语言的变化，使其新鲜活泼。全文的句式多样，句法上长短兼用，整散错落有序，常式句与变式句相结合，使文章结构错落有致，冥冥中形成了一章抑扬顿挫且明朗和谐的乐章。这与通篇飘忽怅惘的心绪、清新委婉的格调融合在一起，宛若一种和谐统一的轻灵美，韵味十足。

作品来源

《中小企业管理与科技》（中旬刊）2014年第8期。

以文为画——谈朱自清散文色彩描写的特点

周纪焕

> 作为中国现代文学史上的散文巨匠，朱自清擅长色彩描写，实践了自己"作文便是以文字作画"的创作主张，表现出鲜明的个性特征。色彩描写广泛又贴切，色调铺设淡雅又浓丽，色光配合协调又奇幻。由此可见，朱自清是个以文为画的现代散文大师。

朱自清为中国现代散文的创作树立了"白话美术文的模范"，为现代散文的发展、成熟做出了杰出的贡献。诚如杨振声在《朱自清先生与现代散文》中所言："他的散文，确实给我们开出一条平坦大道，这条道将永远领导我们自迩以至远，自卑以升高。"[1] 朱自清善于用语言的丹青点染自己的审美对象，其散文作品充满诗意、富有色彩美感，他在色彩的描写上具有鲜明的个性特征。他在《山野掇拾》中评价孙福熙的游记时说，"他的文几乎全是画，他的作文便是以文字作画"！[2] 其实，朱自清自己就是一个实践"作文便是以文字作画"创作主张的艺术大师。

色彩描写：广泛又贴切

大自然是色彩组合的世界，我们就生活在色彩之中，无时不体会到赤、橙、黄、绿、青、蓝、紫带来的无穷精神愉悦。朱自清十分钟情于色彩，"书中有孙先生的几幅画。我最爱《在夕阳的抚弄中的湖景》一幅；那是色彩

[1] 蔡清富：《朱自清散文选集》，百花文艺出版社，1986 年。

[2] 朱乔森：《朱自清全集》，江苏教育出版社，1996 年。

的世界"！[1]朱自清的散文就是一个"色彩的世界"。他拥有一双欣赏色彩美的慧眼，无论写景、状物，还是叙事、写人，他从艺术表达的需要出发，不受题材的局限，只要是他认为需要色彩的描写，他都会充分调动自己的色彩艺术感受力，对色彩进行恰当的描写，或惜墨如金，稍加点染，或浓彩重墨，尽情表达，在渲染气氛、创造意境、塑造形象等方面均十分出色，而且贴切自然。

朱自清的散文中写得最成功的是描摹自然风景这一类，为大家所熟知的《荷塘月色》《绿》《桨声灯影里的秦淮河》等，其色彩描写更是达到了艺术的境界。《绿》是描写梅雨潭的，朱自清取其色为名，选择独特的角度对绿进行全息描写，色彩明丽，如诗似画。"她松松的皱缬着，像少妇拖着的裙幅；她轻轻的摆弄着，像跳动的初恋的处女的心；她滑滑的明亮着，像涂了'明油'一般，有鸡蛋清那样软，那样嫩，令人想起所曾触过的最嫩的皮肤；她又不杂些儿尘滓，宛然一块湿润的碧玉，只清清的一色"，作者通过博喻和联想，将梅雨潭水的形态、涟漪、光彩、色泽以及柔嫩、纯洁的质地等，活脱脱地描绘了出来，使幽深、静美、嫩润、明媚之绿简直着了魔力，这种原本只可目视而不可手触的颜色，刹那间便有了可以触摸的质感，令人神迷心醉。《桨声灯影里的秦淮河》的文字极富色彩感，表现各种色彩的词语十分精当，呈现出极强的视觉感官的绘画美。"瘦削了两三分"的月儿，"盈盈的上了柳梢头"，"天是蓝得可爱"。岸上的垂杨树，"淡淡的影子，在水里摇曳着"。天际远处，"才有一两片白云，亮得现出异彩，像是美丽的贝壳一般。白云下便是黑黑的一带轮廓，是一条随意画的不规则的曲线"。作者像一位杰出的画师，以饱蘸情感的画笔，绘形、绘色、绘影，把月下秦淮河的风姿立体地推到了读者的眼前。

朱自清的状物类散文，对色彩描写的把握同样准确、精彩。如《月朦胧，鸟朦胧，帘卷海棠红》，是描写一幅画，文题也是画题。马孟容先生一尺多宽的横幅，成就了朱自清的美文，作者细腻地描写出了画面形象的位置、色彩和形态，通过具体的描绘，不但生动地写出了画面的内容，而且也传

---

[1]　朱乔森：《朱自清全集》，江苏教育出版社，1996年。

达出了"月朦胧，鸟朦胧"的意境。作者对色彩的描写，是如此的传神：绿色的帘子，黄色的软金钩，石青色的双穗，淡淡青光的圆月，掐得出水的绿色海棠嫩叶，红艳欲滴的海棠花，历历、闪闪的黄色的雄蕊，黑色的八哥，自称"于中西的画都是门外汉"的朱自清，对于绘画艺术实在有着非同一般的感悟和体认，他的文字描写达到甚至超越了画家的画笔所传达出来的神韵。文章已自成生命，读者读了这篇散文，不必再去看画，读者所得艺术享受，已远远超出一幅画。在用意是写给中学生看的《欧游杂记》和《伦敦杂记》这两部游记中，朱自清虽然既不写"身边琐事"，也不写浪漫情调的异域感受，而是客观地描述欧洲国家名胜古迹，谨慎地介绍西方的历史、文化和艺术，但作者仍用心地在行文中绘色写光，创造令人心动的意境美。

如果说朱自清擅长描写，写景、状物类散文的色彩描写出色不足为怪，那么，在叙事、写人这类记叙性的散文中不忘着色，则格外令人叫绝。被誉为"天地间第一等至情的文字"的《背影》，以血和泪掺和的冷涩惨淡为底色：祖母去世，父亲丢职，变卖家产典当还债，借钱办丧事，"光景很是惨淡"，但父亲艰难地爬上月台去给"我"买来的那"朱红的橘子"，却像熊熊燃烧的火炬，既扫淡了阴霾暗淡的色调，又点亮了父爱的灯塔，感动了普天下的读者。

在人物的刻画上，朱自清往往从色彩入手突出人物肖像的特点，寥寥几笔就把他们写活了。如《阿河》，作者在朋友家初见阿河时，"她的头发乱蓬蓬的，像冬天的枯草一样。身上穿着镶边的黑布棉袄和夹裤，黑里已泛出黄色；棉袄长与膝齐，夹裤也直拖到脚背上。脚倒是双天足，穿着尖头的黑布鞋，后跟还带着两片同色的'叶拔儿'"。作者抓住"黑""黄"两色就把眼前的乡下女人的困境和"土气"凸显出来。过了一段时间，阿河在主人家小姐们的"帮忙"下，"如换了一个人"。"她穿着宝蓝色挑着小花儿的布棉袄裤；脚下是嫩蓝色毛绳鞋，鞋口还缀着两个半蓝半白的小绒球儿"。作者不由"觉得在深山里发现了一粒猫眼儿；这样精纯的猫眼儿，是我生平所仅见"！"她两颊是白中透着微红，润泽如玉"。"她的发不甚厚，但黑而有光，柔软而滑，如纯丝一般"。文章前后三次对阿河外貌的描写，深得鲁迅描写祥林嫂外貌的真谛，不过鲁迅抓住的是眼睛，而朱自清则另辟蹊径，抓住的是颜色，由"黑"而"黄"的布棉袄夹裤到"宝蓝色"的布棉袄裤、"嫩蓝色"的毛绳鞋再到"微红"的脸颊、"黑而有光"的头发，就把一个女人的命运变化轻松而又清晰地勾勒出来了，为穷苦而敢于反抗的农村妇女阿河的形象作了有力的烘托。

 ## 色调铺设：淡雅又浓丽

英国美学家荷迦兹说："色彩美，是指各种颜色及其浓淡变化，在对象上的这样一种配置，这种配置在任何构图中都是既明显多样的，又是巧妙统一的。"[1]优秀作家在创作中为追求色彩美，莫不注意这种"配置"，在色彩的对比、调和、互补和变化中表现色彩的视觉美感。朱自清的散文创作在色彩运用上就具备了这样的特点，色调铺设表现为以淡雅为主又兼顾热烈、浓丽的特征，而这一特征是基于作者对审美对象的诗意感受。

《荷塘月色》一文中，作者描写景物以"淡抹"为主。文章开篇，作者就这样写月光："今晚却很好，虽然月光还是淡的。"这就为全文定下了一个色彩的基调。正因为一切都笼罩在"流水一般"的月光下，那"浮起在荷塘里的薄薄的青雾"，那"笼着青纱"的"梦一般"的叶子和花，那"一团团的烟雾似"的树色，"树梢上隐隐约约的"一带远山，无不使人感受着一种淡雅恬静朦胧之美，给人以轻柔绰约的审美愉悦。

为体现"白马湖最好的时候是黄昏"的特点，朱自清抓住青色的薄雾、微微暗淡的水光来写，突出了黄昏时候的白马湖的和谐、朦胧和宁静，给文章带来了浓郁的画意。"湖上的山笼着一层青色的薄雾，在水里映着参差的模糊的影子。水光微微地暗淡，像是一面古铜镜。轻风吹来，有一两缕波纹，但随即平静了"。

《西行通讯》中，作者在黯淡的暮色所看到的贝加尔湖，仅仅"渺渺一

---

[1]　吴晓：《诗美与传达》，漓江出版社，1993年。

白"，"单调极了"，"没有一个帆影，也没有一个鸟影"。夜色渐深，"东边从何处起，我们没留意；现在也像西边一样，是无穷的白水"。待车行两个多小时，天黑透了，竟不知贝加尔湖是什么时候走完的。作者仅仅用黑白两色，就真切地写出了初见夜色笼罩下的贝加尔湖之大、之静、之单调的内心感受，其效果如同一幅中国水墨画。

"对于某个艺术家为什么会对某一套特定的色彩特别喜爱的问题，也可以在考虑到作品题材的前提下，联系艺术家本人的个性特征去研究。"[1] 朱自清散文之所以喜欢着淡雅之色调，或许与他所受到的中国传统文化的熏陶及其忧郁、沉静的性格因素有关。叶圣陶说他是"永远的旅人的颜色"[2]，朱光潜说"佩弦先生富于至性深情；至性深情的背后也隐藏着一种深沉的忧郁"，"就他的整个性格来说，他属于古典型的多，属于浪漫型的少；得诸孔颜的多，得诸庄老的少"[3]。他自己在《论无话可说》中也说"我的颜色永远是灰的"，"我觉得自己是一片枯叶，一张烂纸，在这个大时代里"[4]。朱自清的这种性格特质，无疑是他选择淡雅色调的内驱力，也只有淡雅的色调才特别符合朱自清在大时代里矛盾、苦闷、压抑的心境，进而更有利于表现恬淡的意境。

但是，朱自清散文所描写的颜色并不都是"灰"的，他的《春》的热烈、《绿》的蓬勃向上就是明证，特别是域外风光景物的描写，那真是色调浓丽，如同浓墨重彩的油画。

在《西行通讯》中，作者一跨出国门，就敏锐地捕捉到西伯利亚的茫茫平原另一种特别的韵致，释放着自己快乐的情感。"平原渐渐苍苍起来，它的边际不像白天分明，似乎伸展到无穷尽的样子。只有西方一大片深深浅浅的金光，像是一个海。我们指点着，这些是岛屿；那些是船只，还在微风中动摇着呢。金光炫烂极了，这地上是没有的。勉强打个比喻，也许

[1] 鲁奥沙赫:《心理学诊断》，中国社会科学出版社，1981年。
[2] 叶圣陶:《与佩弦》，北京师范大学出版社，1981年。
[3] 朱光潜:《敬悼朱佩弦先生》，安徽人民出版社，1981年。
[4] 朱乔森:《朱自清全集》，江苏教育出版社，1996年。

像熊熊的火焰吧，但火焰究竟太平凡了。那深深浅浅的调子，倒有些像名油画家的画板，浓一块淡一块的；虽不经意，而每一点一堆都可见他的精神，他的姿态"。面对这绚丽的色彩，作者居然觉得其他的比喻都不恰当，唯有"油画家的画板"才贴切。

展现在我们面前的《威尼斯》风光，仿佛一组组油画："在圣马克广场的钟楼上看，花团簇锦似的东一块西一块在绿波里荡漾"，"海水那么绿那么酽"，"中国人到此，仿佛在江南的水乡了"。人们不仅领略到了威尼斯的明媚亮丽，更体会到这座古城焕发的勃勃生机。作者笔下的文化之城，其色彩是艳而不俗。圣马克广场是"伟丽"的，公爷府的墙面上用白色和玫瑰红的大理石砌成的方纹，"在阳光里鲜明得像少女一般"。而威尼斯唱夜曲的歌女们"微微摇摆在红绿灯球下，颤动着酽酽的歌喉"，"运河上的朦胧的夜也似乎透出玫瑰红的样子"。这里，作者多以浓墨重彩来描绘威尼斯的美丽风光和文化特色，使其浓墨重彩地展现在我们眼前。而这些描写，又恰到好处地表现了威尼斯"华妙庄严兼而有之"的特点。

"岛上不过二三十份人家，都是尖顶的板屋；下面一律搭着架子，因为隔水太近了。板屋是红黄黑三色相间着，每所都如此。岛上男人未多见，也许打渔去了；女人穿着红黄白蓝黑各色相间的衣裳，和他们的屋子相配。总而言之，一到了岛上，虽在黯淡的北海上，眼前却亮起来了"。《荷兰》岛上人家鲜艳、明亮的色彩，若不用油画，是不能恰当地表现的。

面对域外迤逦的风光，朱自清情不自禁地选择了油画笔法，大块地涂抹鲜艳的色彩。这对他来说，唯有浓丽的色调才能更好地表现域外风光的奇异色彩和自己内心的真实感受，以及暂时远离国内那纷乱的社会现实所获得的放松与愉悦。由此可见，选用什么样的色调，朱自清完全是根据景色本身的特点和个人的情感变化来取舍的。而面对色彩斑斓的客观审美对象，我们仿佛感觉到他那忧郁、沉静的内心世界也随之变得明丽、爽朗、愉悦起来。色光配合：和谐又奇幻的颜色是因为光的折射而产生的。没有光就没有色，光是人们感知色彩的必要条件，色来源于光。朱自清深谙光是色之源泉、色是光之表现的原理，在散文创作中，注意将色彩与光线的变化规律进行有机组合，从而创造出一个色与光和谐的艺术世界。

《桨声灯影里的秦淮河》抓住了月亮、灯光、河水三者关系的变化，从各个角度进行了细针密线的描绘和渲染，逼真地再现盛夏之夜秦淮河绚丽多彩的风光。"在我们停泊的地方，灯光原是纷然的；不过这些灯光都是黄而有晕的。黄已经不能明了，再加上了晕，便更不成了。灯愈多，晕就愈甚；在繁星般的黄的交错里，秦淮河仿佛笼上了一团光雾。光芒与雾气腾腾的晕着，什么都只剩了轮廓了；所以人面的详细的曲线，便消失于我们的眼底了。但灯光究竟夺不了那边的月色；灯光是浑的，月色是清的，在浑沌的灯光里，渗入了一派清辉，却真是奇迹！""浑"的灯光和"清"的月色交汇在一起，变幻莫测，构成了极有层次的形影各别的画面：有华灯映水画舫凌波的景致，有灯月交辉天水汇映的奇观，有灯火纷然笙歌竞发的热闹场面，也有一弯素月伴着晕黄灯火的空寂光景。

《荷塘月色》中光与影的和谐旋律，构成了恬淡、朦胧的意境。"月光是隔了树照过来的，高处丛生的灌木，落下参差的斑驳的黑影，峭楞楞如鬼一般；弯弯的杨柳的稀疏的倩影，却又像是画在荷叶上。塘中的月色并不均匀；但光与影有着和谐的旋律，如梵婀玲上奏着的名曲。"

再看《瑞士》对湖水的描写："瑞士的湖水一例是淡蓝的，真正平得像镜子一样。太阳照着的时候，那水在微风里摇晃着，宛然是西方小姑娘的眼。若遇着阴天或者下小雨，湖上迷迷蒙蒙的，水天混在一块儿，人如在睡里梦里。""车沿着湖走。太阳出来了，隔岸的高山青得出烟，湖水在我们脚下百多尺，闪闪的像珐琅一样。""傍晚从露台上望湖，山脚下的暮霭混在一抹轻蓝里，加上几星儿刚放的灯光，真有味。"一律"淡蓝"的瑞士的湖水，在晴天、雨天，在白天、傍晚，随着光线的变化而呈现不同的景致，或深蓝，或迷蒙，或亮光闪烁，或暮霭轻笼，把淡蓝的湖水写得多姿多态，别有味道，唤起读者丰富的联想和情绪体验。

《巴黎》所描写的凡尔赛宫旁一座大园子的喷水，白天是"银花飞舞"，而到了晚上"大放花炮"之时，则幻化出忽红忽蓝、忽蓝忽白，雾气氤氲的童话世界。"各色的电彩照耀着一道道喷水。花炮在喷水之间放上去，也是一道道的；同时放许多，便氤氲起一团雾。这时候电光换彩，红的忽然变蓝的，蓝的忽然变白的，真真是一眨眼"。朱自清先生准确把握住了光与色瞬间的变化，色因光而产生了亦真亦幻的景致，这给他散文的色彩描写增添了奇幻的美感。

艾青说："语言丰富的人，能以准确而调和的色彩描画生活。"[1]朱自清就是这样一个"能以准确而调和的色彩描画生活"的"语言丰富的人"，他手中所握的那管普普通通的素笔变成了画家手中的七彩的画笔，写下或浓或淡或明或暗或暖或冷的文字，从而使其散文在色彩描写上如此出色，并借助于色彩描写传达出内心的情感密码，成就为一篇篇"以文为画"的杰作，他自己也成就为一个以文为画的散文大师。

‖作品来源‖

《名作欣赏》2008 年第 16 期。

---

[1]　艾青:《诗论》，人民文学出版社，1980 年。

浅析朱自清散文的语言特色

俞 婷

导 读

朱自清先生是我国"五四"以来影响极大的散文作家。他的散文，不论记人、叙事、说理、抒情，都如实抒发了自己的思想和感情，他的情感性感染了广大读者。文章的思想和情感的意蕴美向来是文学创作的最高追求，这种内在美是通过怎样的外在形式体现出来的呢？语言的运用是最重要的一个方面。研究朱先生的散文创作，我们不难发现，散文创作的高度成就突出表现在语言艺术的运用上。

叠字叠词，在我国古典诗词歌赋中的运用十分广泛，它造成一种走月流云的音韵美或反复回环的抒情气氛。朱自清先生的散文中，叠字叠词随处可见。《威尼斯》里用了"微微""茫茫""走走""来来去去""老老实实""疏疏落落"等，使语言铿锵有力，朗朗上口。《荷塘月色》里，一开头就点明题意，"忽然想起日日走过的荷塘"，"日"原是时间名词，这里是表示时间的量词，重叠后有浓厚的形容词意味，更显得荷塘是作者非常熟识的，衬托出"心里颇不宁静"。"月亮渐渐地升高了"，"渐渐"，表明夜已深了，因为"心里颇不宁静"，所以就愈感到时间过得慢。"妻在屋里拍着闰儿，迷迷糊糊地哼着眠歌"，"迷迷糊糊"写作者的感受。"我悄悄地披上大衫，带上门出去"，"悄悄"表面上是修饰披大衫这个动作的，实际也是写"我"当时的心境。"悄悄"不能只是寂静无声，而多少还带有"忧心忡忡"的那种思绪，语意双关，意味深长。《绿》里，"仿佛一只苍鹰展着翼翅浮在天宇中一般"，"那溅着的水花，晶莹而多芒"，"她又不杂些儿尘滓，宛然一块温润的碧玉"等，句中的"仿佛"是双声，"晶莹""温润"是叠韵，这些词的运用，也使作品构成一种音韵美。朱自清写散文，非常注意句式安排。"'是'字句，'有'字句，'在'字句的安排最难"。于是想方法省略那三个讨厌的字，例如：'楼上正中一间大会议厅'，'楼上正中是——'，'楼上有——'，'——在楼的正中'，但用第一句，盼望给读者整个印象，或者说更具体的印象。再有，不从景物自身而从游人说，例如"天尽头处偶尔看见一架半架风车"。正因朱自清如此精心安排句式，推敲文字，他的散文语言才呈现出一种"语言的音乐旋律"。

综合运用比喻、拟人、反问、对比、夸张、排比和反复等修辞手段，把语言装饰起来，以增强语言的魅力和艺术感染力，"月光如流水一般，静静地泻在这一片叶子和花上"，既照应了以流水喻月光，又写出了月辉照耀，一泻无余的景象，使月光有了动感。

"薄薄的青雾浮起在荷塘里"，则写出雾在深夜由下而上轻轻升腾、慢慢扩散、弥漫，以动景写静景，描绘雾的摇曳之态。

《绿》里写梅雨亭"仿佛一只苍鹰展着翅浮在天宇中一般"，写出亭子凌空欲飞的气贯长虹之美感。

《匆匆》里"太阳他有脚啊，轻轻悄悄地挪移了"，太阳有"脚"，能"挪移"，这是拟人；"于是——洗手的时候，日子从水盆里过去；吃饭的时候，日子从饭碗里过去；默默时，便从凝然的双眼前过去"，一组排比句，用具体的事件，细腻独到的笔触，形象地勾勒出时间的逃去如飞。这些修辞手段，营造出一种和谐的轻灵美。

通感常出现在朱自清的散文中。《荷塘月色》里，"微风过处，送来缕缕清香，仿佛远处高楼上渺茫的歌声似的"。"塘中的月色并不均匀，但光与影有着和谐的旋律，如梵婀玲上奏着的名曲"。前一句用渺茫的歌声描绘出"清香"缥缈，似有似无的荷之清香，动静相宜，虚实相生。后一句则用"名曲"的旋律来形容光与影的和谐，与小提琴演奏的名曲一样悠扬，烘托出一种温馨、幽雅的氛围，给读者以联想和想象，使人如浴荷塘月色之中，进入诗境一般。《绿》里，"这里平铺着、厚积着的绿，着实可爱。

她松松地皱缬着，像少妇拖着的裙幅；她轻轻地摆弄着，像跳动着的初恋的处女的心；她滑滑的明亮着，像涂了'明油'一般，有鸡蛋清那样软，那样嫩，令人想着所曾触到的最嫩的皮肤；她又不杂些儿尘滓，宛然一块温润的碧玉，只清清的一色"。作者综合运用博喻、通感的修辞手段，多角度、多侧面地从视觉、触觉等方面形象地表现出梅雨潭水绿的波状、情致、柔润、清亮，令人叹为观止！

朱自清极善用女性意象来比喻景物，不但使他所描写的景物形象可感，而且使他的文章中弥漫着一种甜美的温馨。《背影》叙写的是平常生活中一桩桩平凡无奇的事，但一旦将注入"真情"的一件件小事汇总起来，凝聚到"我"身心为之一震的年迈父亲的"背影"上，那种子对父的一往深情便找到了"喷火口"，从而产生了催人泪下的艺术感染力。这种如话家常般的文字，读起来清淡质朴，却情真味浓，蕴藏着一段深厚的感念之情。作者面对的不是一场单纯的父子别离，而是父与子、子与父的灵魂交流、人格碰撞，是对伦理顺逆、代沟差异的重新审视与评估，多角度、多层面地洋溢出人性的绮丽光辉。

《给亡妇》采用书信体样式，悼念亡妻，感恩亡妻，在对亡妻生前给予家人无微不至的爱的描写和丈夫疏于照顾妻子溢于言表的自责中，重现母爱和妻情。发自内心深处的"你"字一个比一个重，仿佛让我们看到了他眼中含泪。夫妻恩爱、琴瑟相和，全从真切如实中来。当摈弃了华丽辞藻，应用了一色的白语白话，将心中深刻的至情表现出来，我们看到了如此醇美感人的至情境界。

‖ 作品来源 ‖

《才智》2011 年第 9 期。

朱自清散文《匆匆》赏析

薛功平

导 读

　　朱自清的散文《匆匆》通过细腻刻画时间流逝的踪迹，表达了作者对虚度时光的无奈惋惜，揭示了旧时代年轻人觉醒又茫然的复杂心情。其中对时光匆匆的思考，对当时和今天的读者都有着极大的触动和警醒作用。

　　在五四新文化运动时期灿若群星的散文作家中，朱自清是成就影响最突出的一位。他诚挚感人、别开生面的散文作品显示了文学革命的实绩，具有历久不衰的艺术生命力，散文诗《匆匆》就是典范。

　　《匆匆》写于1922年3月，恰逢五四运动落潮期，身为小资产阶级知识分子，作者感受着时代脉搏，内心充溢着找不到出路的迷茫苦闷。但是坚强的他并不甘心沉沦，而是站在"中和主义"立场上执着地追求人生理想。全文在淡淡哀愁中透出诗人心灵不平的低诉，反映了当时知识青年的普遍情绪。

　　文章紧紧围绕"匆匆"二字，细腻刻画了时光流逝的踪迹，表达了作者对虚度光阴感到无奈惋惜，揭示了旧时代年轻人已有所觉醒，但又为前途不明而苦闷彷徨的复杂心情。他关于时光匆匆的思考，不仅对当时的年轻人有触动，对今天的读者也一样产生巨大的警醒作用。

　　文中作者用以抒情的物象"时光"，因虚无缥缈而极难把握和体现。然而，一向以笔触委婉、细腻、深刻著称的作者，却做到了用生花妙笔赋予无影无形的时光具体可感、栩栩如生的形象，且在此基础上酣畅淋漓地抒发了郁郁情怀。

"燕子去了，有再来的时候；杨柳枯了，有再青了的时候；桃花谢了，有再开的时候。"文章一开篇便是一气呵成的三个排比句，以有去有回、枯了又青、谢了再开的燕子、杨柳、桃花来借物起兴，反衬匆匆逝去、无迹无痕的时光。此处作者用意不在于描绘春景的实感，而是要让读者进入画面，情绪受到感染，了解大自然的荣枯是时间飞逝的痕迹。由此，诗人进一步追寻时光的行踪：日子为什么会一去不复返？是被人"偷了"还是"逃走"了？被偷了能藏在何处？逃走了现在会在哪里？一连串疑问，透出诗人怅然若失的情绪。

"我不知道他们给了我多少日子"，是扣心自问，也极自然地将"我"融入文中，开始以"我"的生活为叙写内容。"八千多日子"是作者已走过的人生，它们"像针尖上的一滴水滴在大海里"，是新奇的比喻、极度的夸张，进一步烘托、渲染了"匆匆"的气氛。八千多日子悄无声息的"溜去"，时间之无情、生命之短暂，使诗人不禁"头涔涔"而"泪潸潸"了——因岁月蹉跎壮志未酬羞赧得额上汗流如注，为光阴虚度无所成就悔恨得涕泪纵横。

时间是怎样的"匆匆"呢？诗人并未大发抽象的议论，而是把自己的感觉、潜在的意识通过形象表现出来，浓墨重彩地描绘了时光的匆匆流逝。空灵的时间被形象化了，习以为常的生活画面里包含了诗人独悟的至理。"早上，小屋里射进两三方斜斜的太阳。太阳他有脚啊，轻轻悄悄地挪移了"。太阳被拟人化了，她像一位娇俏的少女迈着轻快的步子走过，引得诗人"茫茫然跟着旋转"。接着，诗人用一系列排比句展示了时间的飞速流动。洗手、吃饭、默思时眼睁睁看着"日子"过去，企图挽留，它却伶俐地"跨过"、轻盈地"飞去"、悄声地"溜走"、急速地"闪过"了。时间的步子步步紧逼，越发匆匆，形象表明了时光转瞬即逝的特点，给人以活生生的感受。在时间轻巧、活泼的脚步声里，我们听到了诗人心灵的震颤微响。

在时光的匆匆里，诗人徘徊、深思而又执拗地追求着。黑暗的现实和自己的热情相抵触，时间的流逝和自己的无为相对照，使诗人更清楚地看到："过去的日子如轻烟，被微风吹散了，如薄雾，被初阳蒸融了……"作者把八千多日子的流逝作了高度的概括，使时间匆匆而去的各种影像凝聚一点，因而更加清晰可感:有色彩，是淡蓝色、乳白色的;有动感，是被"吹散去"，被"蒸融了"。诗人看到了、触到了，清醒地全身心感受时光的流逝，追寻自己生命"游丝般的痕迹"。

诗人随着情绪的飞动，缘情造境，把空灵的时间形象化，又加上一连串抒情的疑问句，自然而然流露出他心灵的自我斗争、自我剖白的痛苦，也可看出他徘徊中的执着追求，于朴素平淡中透出强烈的抒情气氛。

饱蘸笔墨实写时光匆匆之后，作者浓郁的感情终于汇聚成不可遏制的洪流，喷涌而出。一连六个设问句如江河奔涌一泻千里，淋漓酣畅地直抒了作者胸臆。六个设问句密密相连，环环相扣的追问，"在千门万户的世界里，我能做些什么呢"？"只有徘徊罢了，只有匆匆罢了"。紧扣"徘徊"又设问:"除徘徊外又剩些什么呢？"突出表现因时光难以把握而生的惆怅伤感心境。再问:"我留着些什么痕迹呢？"又自我强调:"我何曾留着像游丝样的痕迹呢？"游丝样的痕迹都未留，可见生活毫无建树，平庸之至，多么让人苦闷压抑！紧接两个"赤裸裸"，将作者的苦闷彷徨表露得更彻底。而最末"但不能平的，为什么偏要白白走这一遭啊？"却又突出了不甘沉沦的倔强坚持——不要这样的生活，摈弃之，要奋起珍惜时间，有所成就。

全文的最后重复了第一段中的关键句，点名题旨，突出"匆匆"，使文章结构严谨缜密。全篇通过捕捉时光转瞬即逝的特点，巧妙而自然地剖白了作者的内心世界。传神的写实和感情的抒发，通过精巧绵密的结构和朴素清新的语言和谐交融，构成了贯穿全篇的轻灵优美意境，具有极大的艺术感染力。

作者运用饱含感情的语言，细致刻画了时间逝去的踪迹，委婉含蓄地表达了自我的微妙情绪，即五四时期一部分带有进步倾向的知识青年不满现状有所觉醒但尚未找到出路，既显得苦闷彷徨又不甘沉沦寂寞，希冀有所作为的典型思想感情。

作品来源

《科教文汇》（上旬刊）2008 年第 7 期。

莫等闲白了少年头——读朱自清的散文诗《匆匆》

李明渊

导 读

在朱自清的笔下，《匆匆》表达了对时光稍纵即逝的感慨，蕴含着生活的哲理，他不希望白白走这一遭，从中也不难看出作者对生活的热爱和积极的人生态度。

朱自清先生是我国现代文学史上杰出的散文作家之一。他的作品匠心独运，构思缜密，托物写意，以情动人。其中，写景抒情的散文，不仅充满诗情画意，蕴含哲理，使人如历其境，耳目为之一新；而且字斟句酌，锤炼极工，比喻新颖，恰到好处，因而逼真如绘，文采斐然，"表示新文学之自以为特长者，白话文学并非做不到"，[1]显示出"文学革命的实绩"。

《匆匆》写于1922年。正是"五四"低潮期。这位曾经像海燕一样迎接时代风暴的诗人，面临着军阀统治的黑暗现实，陷入苦闷彷徨之中。他忠厚正直，向往光明，但还不能明确"路在何方"，又为家庭环境所迫，不得不担负起生活的重担，而跃不出小资产阶级狭窄的天地。这样的处境和心情，自然会影响到他的创作。他在给挚友俞平伯的信中，吐露了心声："日来时时念旧，殊低徊不能自己。明知无聊，但难排遣。回想上的惋惜正是不能自克的事。因而这惋惜的情怀，引起时日不可留之感，我想将这宗心绪写成一诗，名曰《匆匆》。"

《匆匆》全文不过五百字。写的是对时光稍纵即逝的感慨，蕴含着生活

[1] 鲁迅：《小品文的危机》。

的哲理，是一篇绝妙的散文诗。作者以生花妙笔，把人们看不见，听不着，难以把握的"无形之物"，写得绘声绘色，实在令人赞叹。

　　作者一落笔就巧妙地运用了我国古典诗歌中常用的托物起兴的手法："燕子去了，有再来的时候；杨柳枯了，有再青的时候；桃花谢了，有再开的时候。但是，聪明的，你告诉我，我们的日子为什么一去不复返呢？"用人们在大好春光中常见的，富有诗意的燕子、杨柳、桃花或去而复来，或枯了再青，或谢了再开，引发出令人深思的问题："我们的日子为什么一去不复返呢？"这样的开头，亲切有味，形象而富有情趣。然后设问自答、把问题引向深入："是有人偷了他们罢，那是谁？又藏在何处呢？是他们自己逃走了罢，现在又到了哪里呢？"这绝妙的开头，在自问自答、问而不答之间，简洁流畅而又委婉曲折地传达出作者惋惜时光流逝的郁郁情怀。

　　接着，作者回顾自己走过的人生道路，那已经逝去的可贵岁月，似乎是不知不觉就这么过去了："我不知道他们给了我多少日子，但我的手确乎是渐渐空虚了。"一句话，道出了自己深沉的感慨。作者写作本篇之时，已二十四岁，所以说"八千多日子已经从我手中溜去"。这一句，实际上回答了开头提出的问题，点明了题目：时日是从自己手中匆匆溜去的，丝毫也不能怨谁。又用"像针尖上一滴水滴进大海里，我的日子滴在时间的流里，没有声音，也没有影子"这一形象的比喻，说明了时间就是生命，而个人的生命与整个奔腾不息的人类发展的历史的大海相比是微不足道的，又含蓄地表达了作者痛感光阴之虚度而惶愧不安的心情。正是这样，作者"不禁头涔涔而泪潸潸了"。时间无情，生命短暂，壮志未酬，心忧如焚，怎能不汗流如注，泪水满面呢？真是"盛年今已惜蹉跎，来日岂能等闲过"？

　　然而，这八千多日子是怎样匆匆逝去的呢？作者不作泛泛之论，而是予以形象的描述。特点是：以"有形"来状"无形"，把无生命的东西，当作有生命的东西来写。而且是从人人都经历过的一天生活琐事着笔，抒写出自己的感受："去的尽管去了，来的尽管来着，去来中间又怎样地匆匆呢？"这一句承接上文，写出了时光是不停留的，总是那么"匆匆"。再用一个设问句，引起下文："早上我起来的时候，小屋里射进两三方斜斜的太阳，太阳他有脚啊，轻轻悄悄地挪移了；我也茫茫然跟着旋转。"这里，无形的"时间"被有形的"太阳"所显示，而且把它拟人化了，接着就在洗手、吃饭、默默时、遮挽时、睡觉时一晃而过，而且越去越快。这段文字写得绘声绘色，活灵活现。除了上述的特点之外，我们可以看到作者很喜爱运用，并善于运用叠词，如"斜斜的""轻轻悄悄地""茫茫然""伶伶俐俐地"，等等，不仅增强了散文诗的音乐性和节奏美，而且逼真地描绘出时间的流逝。而动词的准确运用，由"挪移"到"过去"乃至"跨过""飞去""溜走""闪过"，不仅把时间写"活"了，充分显示出来去的匆匆，而且激起读者的想象、思索，具体地感受到作者蕴含于其中的无限惋惜之情。这段文字之所以能如此传神达意，还由于作者善于展开想象的翅膀，并倾注自己的感情于所描绘的事物之中。朱先生的散文为人传诵的秘密或许在此吧。

文章举一反三，层层深入，由上文的如实描写，进入赤裸裸地直抒胸臆："在逃去如飞的日子里，在千门万户的世界里的我能做些什么呢？只有徘徊罢了，只有匆匆罢了，在八千多日的匆匆里，除徘徊外，又剩些什么呢？过去的日子如轻烟，被微风吹散了，如薄雾，被初阳蒸融了；我留着些什么痕迹呢？我何曾留着像游丝样的痕迹呢？我赤裸裸来到这世界，转眼间也将赤裸裸的回去罢？但不能平的，为什么偏要白白走这一遭啊？"这段文字所表达的感情如骏马奔驰，一口气提出六个问句，或自问自答或问而不答。并把匆匆逝去的日子，比做"轻烟""薄雾"，"被微风吹散了"，"被初阳蒸融了"，随物赋形，反复咏叹，在朴素流畅、清晰可感的语言中，透露出对现实的不满，很想有所作为，但又有所顾忌，所以"只有徘徊罢了"，"除徘徊外，又剩些什么呢？只有苦闷，惆怅而已"。他感叹时光易逝，世事艰辛；他自责年华虚度，未留"痕迹"；他勤于自勉，并不消沉；他思考现实，探索人生，不甘心赤裸裸地来去，在人间白白地走这一遭。言外之意，正如他在长诗《毁灭》中所吐露的："只谨慎着我双双的脚步；我要一步步踏在泥土上，打上深深的脚印！"

这段文字，很自然地流露出作者朴实诚恳的性格，显示出谦虚谨慎的作风和热爱生活、执着现实的积极态度。

最后，作者再一次提出："你聪明的，告诉我，我们的日子为什么一去不复返呢？"又是一个设问句，既照应前文，使结构更为缜密，又点明题旨，含不尽之意。

看来一篇高水平的散文，称得上艺术珍品的，最重要的不仅是要"以情取胜"，而且还要"融情于理"，真挚的感情与深刻的哲理，水乳交融，才能使人百读不厌，回味无穷。这篇散文，正是这样的一篇情理结合，相得益彰的艺术珍品。

由于作者高度的文学素养，在这篇散文中运用了多种手法，如托物起兴，设问传神，随物赋形，反复咏叹，再加上生动的"拟人"、顿挫的音节，使作品荡气回肠，声情并茂，既启示读者"莫等闲白了少年头，空悲切"，也给予读者以语言艺术的美的享受。

‖作品来源‖

《安徽教育学院学报》（社会科学版）1985 年第 1 期。

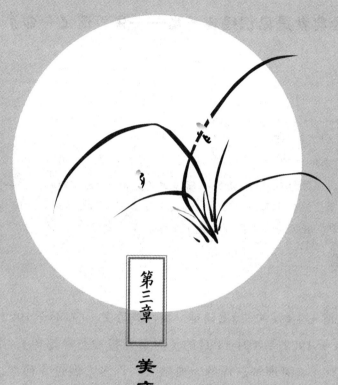

第三章

美文赏鉴・拓展阅读

阅读经典就是见识经典一番——朱自清《匆匆》教学解读

闫 学

导 读

《匆匆》是朱自清的一篇经典散文,对于如何理解这样一篇文章,许多人都有过各种尝试,但依然有许多不尽如人意之处。因为真正的经典,必然会给我们提供无限丰富的阐释空间。

朱自清先生的《匆匆》无疑是一篇经典散文。文章写于 1922 年 3 月 28 日,最早发表于 1922 年 4 月 11 日的《时事新报·文学旬刊》,当年的朱先生应是 24 岁。如何理解这样的经典散文,许多人做过各种尝试,但不可否认的是,尽管我们已经做了大量的研究和努力,对这篇文章的理解依然有许多不尽如人意之处。其实,这种现象是极其正常的,因为真正的经典,必然给我们提供无限丰富的阐释空间,这就给解读带来了难度。而且,文章所表达的时光匆匆、一去不返的人生感悟,对于不同年龄段的孩子来说,也是难以切身感受到的。我们都会唱一首老歌《童年》,里面有这样的歌词:"什么时候才能像高年级的同学有一张成熟与长大的脸,盼望着假期,盼望着明天,盼望着长大的童年……"所以,在这种情况下,要让孩子真正从内心深处感受到时光匆匆就比较难。因此,我们在谈如何理解这篇文章之前,首先要进行文本细读。在细读文本的基础上,我们或许可以找到"进入"的多种可能。有意思的是,朱自清先生本人曾经在《经典常谈》一书中对解读经典有过非常独特的阐释:"经典训练的价值不在实用,而在文化。有一位外国教授说过,阅读经典的用处,就在教人见识经典一番。"而这里所说的经典的价值"在文化","不在实用",就是我们所说的立足于"鉴赏"。我想,这就给我们对这篇文章的理解带来了重大启发——既然《匆匆》是经典,那就应该带领大家"见识经典一番"。在谈如何理解之前,作为普通读者,我们姑且先来细细"见识一番"。

　　燕子去了,有再来的时候;杨柳枯了,有再青的时候;桃花谢了,有再开的时候。但是,聪明的,你告诉我,我们的日子为什么一去不复返呢?——是有人偷了他们罢:那是谁?又藏在何处呢?是他们自己逃走了罢:现在又到了哪里呢?

也许时光匆匆,世事变迁,但我们最终却发现,桃花依旧灿烂,杨柳依旧青翠,燕子依旧在空中展翅飞翔。我们不由得感喟:如果说人是世间万物的一分子,为什么人的时光不可以实现这种轮回呢?每个人只要度过了自己的时光,就再也看不到桃花的绽放、杨柳的返青和燕子的飞翔。我们固然可以去尝试相信有来生,但我们又如何证明今生是来自前生?这样一来,自然也无法说服自己今生一定会去往来生。关于"永远不会回来",我想起了台湾作家林清玄在他的文章《和时间赛跑》中,父子俩有这样一段对话:

　　"什么是永远不会来了呢?"我问。

　　"所有时间里的事物,都永远不会回来了。你的昨天过去了,它就永远变成昨天,你再也不能回到昨天了。爸爸以前和你一样小,现在再也不能回到你这么小的童年了。有一天你会长大,你也会像外祖母一样老,有一天你度过了你的所有时间,也会像外祖母一样永远不能回来了。"爸爸说。

林清玄听了父亲的这一番话,感慨父亲给他说了一个谜。对于朱自清来说,我们可以想象,当作者写下这些文字的时候,他的心情也一定是无奈而困惑的,他一方面追问"我们的日子为什么一去不复返",一方面怀疑"是有人偷了他们",或者"是他们自己逃走了"。这样的追问显然是没人能够回答的,这样的怀疑也几乎是一种叹息似的自语。这种对人生的感喟发生在当时只有 24 岁的朱自清身上,的确是有些令人惊异的。其实,令人惊异的还不仅是文字所传达的这种意蕴,还有文字本身的形式。在这段文字中，头三个并列的句子，句式基本一样，所以读起来朗朗上口，使得语言很有节奏。"去"与"来"、"枯"与"青"、"谢"与"开"，这些反义词的连用，使节奏感更为鲜明。因此读这段话，我们会有一种读诗的感觉。如果把文字排列形式变一变，就更像一首诗了：

> 燕子去了，
>
> 有再来的时候；
>
> 杨柳枯了，
>
> 有再青的时候；
>
> 桃花谢了，
>
> 有再开的时候。
>
> …………

但这种诗一般的语言传达的确是一种面对时光一去不返的痛苦、无奈的情绪，美好的东西传达的却是痛苦和无奈，这就是作者的高超之处。

> 我不知道他们给了我多少日子；但我的手确乎是渐渐空虚了。在默默里算着，八千多日子已经从我手中溜去；像针尖上一滴水滴在大海里，我的日子滴在时间的流里，没有声音，也没有影子。我不禁头涔涔而泪潸潸了。

"八千多日子已经从我手中溜去"，这样的文字读来令人心惊。我们每个人有多少日子呢？不妨估算一下：假如你能够活到 70 岁，你将拥有 25550 个日子；假如你能够活到 80 岁的话，你将拥有 29200 个日子。按常理推算，对于孩子来说，他们的人生已经过去了六分之一或者七分之一。作者写这篇文章的时候是 24 岁，似乎只是一瞬间，"八千多日子"就已经过去了。面对时光飞逝，作者"不禁头涔涔而泪潸潸"，他到底想到了什么呢？也许觉得自己已经过了 20 多岁，虚度了很多光阴，至今依旧一事无成；也许经历了家庭、人生的种种变故之后，心下黯然，无法从阴郁的心情中走出来……"八千多日子"强调的是时间已经过去很多了，而自己依然是一事无成；"像针尖上一滴水滴在大海里"，说的是"八千多日子"对于一个人来讲似乎已经够多了，但放在时光的长河里，却微不足道，就像"针尖上一滴水滴在大海里"，消失得无影无踪，所以作者说这些时光是从手中"溜去"的。一个"溜去"不仅反映了时光流逝之快，而且强调了时光流逝之令人毫无觉察。等到有一天忽然感觉自己的手"确乎是渐渐空虚了"，才意识到生命已悄然而逝，永不回头。

　　去的尽管去了，来的尽管来着；去来的中间，又怎样地匆匆呢？早上我起来的时候，小屋里射进两三方斜斜的太阳。太阳他有脚啊，轻轻悄悄地挪移了；我也茫茫然跟着旋转。于是——洗手的时候，日子从水盆里过去；吃饭的时候，日子从饭碗里过去；默默时，便从凝然的双眼前过去。我觉察他去的匆匆了，伸出手遮挽时，他又从遮挽着的手边过去，天黑时，我躺在床上，他便伶伶俐俐地从我身上跨过，从我脚边飞去了。等我睁开眼和太阳再见，这算又溜走了一日。我掩着面叹息。但是新来的日子的影儿又开始在叹息里闪过了。

如果前一段说的是对时光匆匆流逝的整体感受，那么，这一段则是通过生活的一日来具体展现时光究竟是怎样匆匆流逝的。起床、洗手、吃饭、静默发呆、上床睡觉，这些构成了生活的一日，作者选取这些一日生活中的寻常之事，向我们展现了时光就是在这样的琐碎中匆匆"溜走"。这是每个人每天都会经历的生活，也是每个人每天都面临的宿命——时光匆匆而逝，不以任何人的意志为转移。在这个过程中，作者是徒然无奈的，"茫茫然跟着旋转"，但当他意识到时光正在匆匆溜走，便"伸出手遮挽"，但时光还是"从遮挽着的手边过去"，"从我脚边飞去了"。这里强调的是时光流逝不可逆转、无法挽回，因此只好"掩着面叹息"，但更可怕的是"新来的日子的影儿又开始在叹息里闪过了"。在这里，作者说的虽是自己生活的一日，但又何尝不是每个人生活的一日？我们读这样的文字，也忍不住要"头涔涔而泪潸潸"了。但可能我们又会忽然意识到，新来的日子的影儿又开始在泪水里流逝了。

　　在逃去如飞的日子里，在千门万户的世界里的我能做些什么呢？只有徘徊罢了，只有匆匆罢了；在八千多日的匆匆里，除徘徊外，又剩些什么呢？过去的日子如轻烟，被微风吹散了，如薄雾，被初阳蒸融了；我留着些什么痕迹呢？我何曾留着像游丝样的痕迹呢？我赤裸裸来到这世界，转眼间也将赤裸裸地回去罢？但不能平的，为什么偏要白白走这一遭啊？

这里出现了作者一连串的自我追问，语气是急迫的，情感是焦灼而无奈的。其实，当我们把这些追问大声地读出来，就会发现这也是我们每个人内心的自我追问。每个人都曾有过徘徊与匆匆的时刻，而就在这徘徊与匆匆中，时光流逝，了无痕迹，就像微风吹散了轻烟，初阳蒸融了薄雾。当"我"意识到自己未曾留下一丝一毫的痕迹时，就忍不住要担心自己"赤裸裸来到这世界，转眼间也将赤裸裸地回去"，进而追问自己"为什么偏要白白走这一遭"。这里有非常沉重的人生价值意义的追寻和反思，也是一个非常深刻的哲学命题，促使我们也来思考：为什么要走这一遭？应该留下怎样的生命痕迹？怎样的人生才算没有虚度？文章写到这里，就不仅仅是单纯地慨叹人生易逝，而是上升到一个哲学思考的高度，这就跳出了纯粹的伤感，转而到达了一个不甘沉沦的反思、追寻的层面。你聪明的，告诉我，我们的日子为什么一去不复返呢？

在文章的结尾，作者又回到了最初的命题：我们的日子为什么一去不复返呢？这种与开头相呼应的方式，构成了文本结构上的复沓回环，增强了表达的效果，再一次促使我们反思：人应该怎样对待匆匆流逝的生命？即便是世间那些最美好的生命，如燕子、桃花和杨柳，仔细思考，就会发现，燕子已经不是去年的燕子，杨柳也不是去年的杨柳，桃花当然也不是去年的桃花。对于世间万物来说，时间都是一样的公平，一样的一去不复返。

‖作品来源‖

《小学教学》（语文版）2011 年第 1 期。

《荷塘月色》的古典之美——与《卜算子·黄州定慧院寓居作》对比赏析

刘彦青

导　读

　　朱自清的《荷塘月色》是中学语文教学中的经典篇目，传统上对它的解读往往局限在对文章思想和艺术细节的把握上，而缺乏对文章整体，特别是对文章中表现出的古典情愫的审美体悟。本文通过对朱自清的《荷塘月色》与苏轼的《卜算子·黄州定慧院寓居作》作比较，更多的是共性上的分析，来体悟《荷塘月色》蕴含的古典之美。

　　作为散文大家，朱自清对古典文化的研究有着独特的贡献。中学教育涉及他的只是局限在《背影》《荷塘月色》这样的现代散文方面。教学经验告诉我们：这样的选文教育容易使学生忽略作家的完整经历、思想状态，以及对作品整体艺术特点的分析。朱自清深厚的古典文化素养，使其散文创作不可能不受到其对古典文化体悟的影响。这就是中学语文教学中对其现代散文讲述过程中有必要涉及的问题。

　　将朱自清的《荷塘月色》与苏轼的《卜算子·黄州定慧院寓居作》进行比较分析，或以此为切入点对朱自清《荷塘月色》整体上的古典情愫进行把握，可在学习现代散文过程中同样体会到古典之美，并由此展现一种文化的传承性。

　　我们先试看苏轼的《卜算子·黄州定慧院寓居作》：

　　　　缺月挂疏桐，漏断人初静。时见幽人独往来，缥缈孤鸿影。

惊起却回头，有恨无人省。拣尽寒枝不肯栖，寂寞沙洲冷。

上阕写：透过稀疏的梧桐树叶，残月当空。漏壶的水早已滴光了，随夜幕低垂，躁动的人开始安静下来，只见夜里一个孤独的行人，他无目的地游荡，陪伴他的还有夜空里一只大雁孤独飞翔的依稀可见的身影。下阕写：无目的地徘徊着的孤独的行人被什么惊醒回头，但无人理解，唯有满腹愁绪无处倾泻。而那只缥缈飞翔的孤雁也在多次挑选树枝之后仍无处歇脚，唯留下秋夜里凄冷的沙洲上它（或者是他）的孤独与寂寞。

读完这首词，会发现这首词中表现的思想、展现的艺术境界与朱自清的《荷塘月色》异曲同工。

一、萦绕在作品之上的愁绪

《荷塘月色》里开始便说"这几天心里颇不宁静"，作者的这种"不宁静"便是一种"愁绪"。作者在文中首先点出自己内心的不宁静或者忧愁，便是在交代自己出行的原因。《荷塘月色》简单地讲就是"我"因心里不宁静而出行，欣赏荷塘月色的美景，由此联想到古时采莲美景。但如果只这样理解，文章也不会有那么大魅力了，所以我们还需要去体会作者欣赏美景的角度和联想事物的方式。

对《荷塘月色》的背景，也就是"心里颇不宁静"的原因分析很多，联系作品创作时间是在 1927 年 7 月，朱自清当时正在清华大学教书，面对急剧变化的时局，他要作出自己的选择。作者在稍后的另一篇文章《哪里走》里谈到他"乐得暂时忘记，做些自己爱做的事业"，朱自清研究"国学"之路便由此起。但是联系现实，造成一个人内心苦闷的并不只是单方面的原因，文中两次出现妻子的身影："妻在屋里拍着闰儿，迷迷糊糊地哼着眠歌"，"什么声息也没有，妻已睡熟好久了"。作者口吻虽平淡，但我们可以看出"妻"对"我"夜游荷塘是不知的。社会现实带给他压力，身边又无倾诉的知己，可想此时的朱自清是何等孤独了。

作者试图通过出行而排遣忧愁，但结果并不理想，愁绪也并未得到排遣。

这也是苏轼《卜算子·黄州定慧院寓居作》里的情感基调。据史料记载，苏轼这首词作于神宗元丰五年（公元1082年）十二月的黄州，苏轼另有《记游定惠院》一文可印证这首词是词人初贬黄州寓居定慧院时所作。因"乌台诗案"被贬黄州后，苏轼的大量作品表现出一副乐观旷达的人生态度，但深藏在内心的孤独与苦闷是他人无法理解的。《卜算子·黄州定慧院寓居作》里，夜深人静的"幽人"独往独来的原因当然也是苦闷忧愁，但在下阕直接指出原因是"有恨无人省"，即没有人懂自己的忧愁，为此更加苦闷。"幽人"也是因为忧愁而出行去排遣，恰如朱自清的排遣。一样在深夜，朱自清体会到"热闹是它们的，我什么也没有"。这便是两者在情感上最大的共性。无处倾诉的苦闷情怀，即知己难求的郁闷，是古典文学常见的主题。

 二、视觉上强烈的画面感

《荷塘月色》的视觉效果由"月光""荷塘""荷叶""荷花""流水""杨柳"等物象群组成，这些物象借助作者连喻、拟人、通感等巧妙高超的修辞手法，如一幅水墨画一样出现，带给读者一种比较直观的视觉体悟。一部分是地上之景，一部分是天上之景，"月下荷塘"与"荷塘上的月色"二者所写的角度不同，直接着眼的物象也不一样，但二者互为背景，相互映衬，水乳交融。

《荷塘月色》艺术上的一个特点是虚实相生，对荷塘的描写，作者采用了大量的修辞手法，例如将出水的荷叶比喻为"亭亭的舞女的裙"，荷花"如一粒粒的明珠，又如碧天里的星星，又如刚出浴的美人"，荷香"仿佛远处高楼上渺茫的歌声似的"，将光与影的交织比作"梵婀玲上奏着的名曲"，树影"峭楞楞如鬼一般"，树色"乍看像一团烟雾"，树缝里漏着一两点路灯光，由于昏暗而被作者喻为没精打采的"瞌睡人的眼"……这些巧妙生动的修辞手法以一种虚拟化的方式极大地拓展了读者的审美空间，每一个物象的描写都给人一种比较清晰的画面感受。

我们再看《卜算子·黄州定慧院寓居作》，由"缺月""疏桐""幽人""孤鸿""寒枝""沙洲冷"这些物象群同样构建出来一种凄清孤冷的画面，限于词字数上的讲究，虽没有如《荷塘月色》般运用丰富的修辞手法，但是词人在炼字上的讲究使这首词强烈的画面感凸显了出来。"缺"字在描写月的残缺的同时也写出了夜的昏暗，"疏"字以梧桐树枝头稀疏的叶子暗示了这是一个秋夜，"幽人"与"孤鸿"写出了人与鸟的形单影只，内心也定然是孤单寂寞的。"寒"与"冷"字再次映衬了时节在深秋，而寒冷的除了天气，还有词人无人理解的内心世界。我们发现在炼字上词人采用的全部都是冷色调词语，给读者展现的画面是冷色的，心理体悟也是凝重的。

 ## 三、作者身影的凸显

这两首作品里都有作者的形象出现。散文与词的共性是它们浓郁的抒情性质，作品里抒情主人公往往就是作者自己。我们理解《荷塘月色》里的"我"便是朱自清自己，夜幕降临他一个人出行，这种行走是为了排遣愁绪，散文里有他清晰的出行路线描述："沿着荷塘""小煤屑路""荷塘的四面"，直至"我"的回归。此外，对景物的描述方式，以及对江南采莲的追忆都对作者形象的展示起着作用，可以说《荷塘月色》中"我"的身影有着中国传统士大夫婉约、中和、含蓄、内敛的特点：他的苦闷包括家国情怀，也包括知己难求；他排遣苦闷的方式是孤独的夜行；他对景物的观照视角在动与静之间，在细微之处，在宁静的夜里，也在对典籍的追忆中。再配合文章典雅的语言，娓娓道来的独白方式，使得这篇散文散发着古典之美，体现着传统儒家"乐而不淫，哀而不伤"的审美诉求。

《卜算子·黄州定慧院寓居作》同样如此，短小的词里包含着丰富的内容，同样有"幽人"独自在夜里出行，而与幽人相伴的便是那只"缥缈"的"孤鸿"。寒夜因一只单飞的大雁而愈加幽静，幽人也因这只大雁而显得愈加孤单，因"孤鸿"的出现而使主人公形象更加凸显，乃至读到"拣尽寒枝不肯栖"时，我们甚至怀疑，这里指的究竟是谁？无处托身的是孤鸿，还是幽人？或者说本就没有"孤鸿"的存在，只是词人——幽人孤单内心的外化物？如果这样理解的话也就理解了"缥缈"二字了。虽然"有恨"但是"不伤"，全词洋溢着古典文人"温柔敦厚、中正平和"的韵味。

四、意境上的空灵之美

两首作品所塑造的艺术境界是一种空灵之美。构成这一空灵之美的要素有二：黑夜的宁静和主人公的孤单。夜的宁静并不是死一般的寂静。在《荷塘月色》里虽然是夜晚，"叶子与花也有一丝的颤动""脉脉的流水""光与影有着和谐的旋律""树上的蝉声与水里的蛙声"，这些都以一种灵动的形式丰富着夜的宁静。换句话说，正是因为它们的存在，夜才显得愈加寂静。

作品来源

《语文教学通讯》2015 年第 25 期。

时间匆匆 岁月悠悠——朱自清的《匆匆》与韩少功的《时间》对照赏读

张春艳

　　对时间如影、生命易逝的慨叹，作为人类永恒的惆怅而成为了文学作品中的永恒"母题"。朱自清的《匆匆》切实具体，如臻妙境；韩少功的《时间》暗示深刻，以小见大。两篇都属经典之作，足以让人陷入深刻的思索。

　　在现代散文史上，1922 年朱自清先生的《匆匆》一文，在某种程度上可以说是昭示了一个新散文时代的到来。《匆匆》一文，也因其对时间流逝之独到而富有诗意的慨叹，成为朱自清散文中的精品。无独有偶，时隔 84 年之后，当代著名作家韩少功先生亦撰写了一篇与《匆匆》主题极为相近的随感，即发表于 2006 年 8 月的《时间》。两篇散文都表达出了一个主题，即对时光匆匆的感慨，对人类自身价值存在的认知与反思，但在具体的艺术表现形式上又各有特点、耐人寻味。单从这个意义上，这两篇散文就有了对照赏读的可能和必要。

　　对时间如影、生命易逝的慨叹，作为人类永恒的惆怅而成为了文学作品中的永恒"母题"。然而如何将其表达得空灵形象、生动具体，从而引发读者的共鸣却成为一大难题。正如朱自清先生自己所说的："很难说得恰到好处，因为实在太复杂，凭你怎么说，总难免顾此失彼，不实不尽。"（朱自清《什么是"散文"》）我们且看朱自清先生是如何来表达的。

　　单从题目来看，作者以"匆匆"为题，即有一种流逝的动感，给读者渲染了一种人本真的追赶、恍惚的心态与图景。再看正文，作者开篇即用三个极常见的意象"燕子""杨柳""桃花"的"再来""再青""再开"摹写出一种生命的可反复性，与紧接着的一句"我们的日子为什么一去不复返呢？"形成了鲜明的对比，将场景进一步细化，描写了"风雨稍歇"后的"瓜棚"：那上面"黑色的枯叶""黄色的花蕾"在"时间的两端拉锯"。然而黑色也好，黄色也罢，终将还是"枯萎了""飘落了"，是时间的又一个轮回来到了。时间留下了什么？只是留下了"一些深深浅浅的脚印"，留下了"一些黑糊糊的枯叶"。然而这些终将会被风雨所冲刷，最终，"什么也没有发生"。

　　至此，作者完成了一个铺垫，以此对"时间"进行阐释：无数个看不见的生长和死亡，看不见的敞开与关闭，看不见的擦肩而过与蓦然回首构筑了时间，也构筑了生命。时间的无法保留和无可挽回，是何等的无奈！作者不禁感慨："我的时间都滴漏在淅沥沥的雨声里了吗？"一个"漏"字，极尽对时间匆匆、对过往一种捶胸顿足的痛感，与朱自清散文中那一个"闪"字有异曲同工之妙。接下来是对自身理想抱负的抒写，"金戈铁马的百年""移山倒海的千年""巡游天河的万载"，就这样的"沉陷和坠落了"吗？这里的"百年""千年""万载"依次叠加，足可洞见作者对时间的一种渴求，希冀求得对自身价值之无限可能得以实现的砝码，更是对无法存在的此种可能性深切的哀感。这是一个真正有良知、具有积极进取精神的作家对时间冷静却智慧的思考，对自身凝重且永久的关注。

　　如果说，朱自清的《匆匆》可以用"切实具体、如臻妙境"八个字来形容，那么韩少功的《时间》则是"暗示深刻、以小见大"的典范之作。从气质上看，朱自清属多情易感、敏感细密型，他对外界事物反应敏感，极具诗人情怀——其实本来就是诗人。因而《匆匆》诗意盎然，通过自然界桃红柳绿的规律来触景生情，诱发其对自身生命价值存在的认知与反思。而这种认知与反思是在一种悄然的状态下进行的，作者"在默默里算着，八千多个日子从我手中溜走"，是内敛却又深刻的哀感。因而那对外界难以言说的生命哲思，是在一种很朱自清式的情绪化氛围中展开的。而韩少功先生却具极强的理性思辨能力，他思想深刻，笔锋犀利。故对"时间"的喟叹，是由生命的刻痕入手，在其中寻觅，寻觅时间和时间中的一切，描写了对时间倥偬的理性窥探。

因而，在细节的运用和氛围的营造上，两位作家也就各有其特色。朱自清先生重在宣泄，整个行文一气呵成，先由纵的时间段"我的日子滴在时间的流里"开始，反思那横向的日子，即一天时间的流程，突出"匆匆"这一时间和生命的主题，最后在叹息、追问中延续他的困惑，也将这一困惑准确、自然地传达给了读者，体现了极强的艺术感染力。

行文中，作者运用了贴切的排比、比喻、拟人等多重艺术手法，转换自然，读来极富节奏感和韵律感，令读者在富有美感的享受中完成对作品的赏析；而韩少功先生在细节的运用上，则善于展示一些带有象征意味的意象如"稻草人""枯叶""花蕾""深秋"等，用它们来隐喻时间，抒发转瞬间沧海桑田、"透明的时间"逝去的悲感。值得一提的是，这些凝固的意象，都能成功地反衬出时间和生命之逝去的凝重之感，体现一种沉郁的艺术感染力和其对时间与生命的哲思。可以说，这是作者人生态度的自然流露，却更直指人类的某种终结和永恒。

也许用陈剑晖所说的"韩少功的随笔，是将文学样式与生活常态、哲学理论给予'三合一'粘连的尝试"（《当代作家评论》）来理解这篇散文是最合适不过的。

需要指出的是，1922年的朱自清年仅24岁，却有着"在逃去如飞的日子里，我能做些什么呢？只有徘徊罢了，只有匆匆罢了"的心绪。无可置疑，他所抒发的正是当时一个极富社会责任感与使命意识的年轻知识分子的情怀，是甘为天下苍生、为当时中国内忧外患的社会现状焦虑却又无可奈何的苦恼心绪的表露。而韩少功对时间的看法，则更是面对中国现实，表现一种挽狂澜的英雄气概，其浓烈的生命气息和对真实生命价值的深情叩问力透纸背。显然，其中有作者那无法抹去的历史记忆。

两篇同属短小精悍之作，作者对时间匆匆的喟然慨叹，体现了两人虽属不同时代然却同现一种人生之紧张感的深刻思索，其作品优美的艺术形式更保证了它们具有永久的生命力。

【作品来源】

《名作欣赏》2007年第9期。

"淡淡"月色"泻"荷塘——朱自清《荷塘月色》的修辞艺术品析

吴崇新

导 读

散文《荷塘月色》是朱自清的代表作。作品在修辞方法上的运用很巧妙，尤其是对"叠词""比喻""拟人"以及"通感"的运用更具特点。作家善用叠词，使文气淡淡地开合，渐而舒雅徐畅；巧用比喻、拟人，使所描绘的画面色彩淡中见浓；妙用通感，致使描摹的事象淡淡地渐而具体化，加强了作品的语言表现力和感染力。

朱自清的《荷塘月色》中所谈及的荷塘，原本只是一个再普通不过的池塘，甚至只是一个并不起眼的池塘，但经过作者适当地点染周围背景，"淡淡"地随意描摹，轻度地上色渲染，就把月夜的荷塘写得那样的富有生机，并充满了新意，还委婉细致地映衬出优雅、朦胧和幽静之美。作品中，朱自清先生以月色为主景、以荷塘为背景，"淡淡"地、别出心裁地勾勒出整个荷塘的月夜风采，挖掘出蕴含在大自然中的诗情画意，淋漓尽致地烘托出荷塘月色绰约的风情，让极其普通的荷塘声、光、色、味都透出了神韵，使作品极富声光美、层次美和韵律美。

《荷塘月色》所运用的语言修辞方法是多种多样的。其中，最具特色的是叠词的使用；还有形象的比喻和生动的拟人的使用；更有把嗅觉转换为视觉，把视觉、嗅觉转换为听觉的"通感"的运用。朱自清先生很巧妙地把多种修辞手段糅合在一起，"淡淡"地描绘月色"泻"于荷塘的景象，还非常可感、形象地描摹月夜下"淡淡"的荷香。这写景抒情看似"淡淡"的，但朱自清先生正是娴熟地运用这些语言修辞方法和特点，使作品的文气先是"淡淡"地开合，渐而舒雅徐畅，使所描写景物色彩"淡"中渐浓，也使描摹的事物"淡淡"地渐而具体化。而这种艺术手法的运用反映了现代散文创作的一种新的气息。

一、善用叠词，使文气淡淡地开合，渐而舒雅徐畅

朱自清《荷塘月色》的语言典雅清丽、新颖自然。朱自清先生极其注重语言的锤炼，常以朗朗上口的口语化语言来描绘状态、表情达意，准确而传神地渲染和强化散文作品的诗情画意。作者对作品的语言文字一向都很讲究，对具体的遣词造句都丝毫不含糊。整个句子力求平直、顺口，有些虚词能省则省，尽量不用，从而使得作品的语句非常简洁、凝练。而且，朱自清先生善于使用叠字、叠词来修饰短语和句子，进而描摹事物。这种"淡淡"的行文气势乍一看，显得随意、漫不经心，但这正是朱自清先生运用叠词修辞手法的独特之处。

在《荷塘月色》中，朱自清先生用了三十多个叠字，还利用了很多双音节形容词的重叠，非常传神地描摹出了眼前荷塘周围的景象，比如，"翁翁郁郁""远远近近""高高低低"的绿树，"隐隐约约"的远山，"曲曲折折"的荷塘，"亭亭"的荷花，"亭亭"的舞女的裙，"缕缕"的清香，"静静"的花叶，叶子"密密"地挨着，"脉脉"的流水，月光"静静"地泻在叶子和花上，"薄薄"的青雾，"淡淡"的云，"弯弯"的杨柳，等等。多处叠词的运用既加强了各个句子的语意，又使作品非常自如地开合，继而渐渐地舒展开来，更显出整篇作品音韵的和谐，洋溢着情趣美。

运用叠词是朱自清先生非常擅长的一种手法。譬如：用"田田"来形容荷叶的密度，以"层层"来刻画荷叶的深度，用"曲曲折折"来显示荷塘的广度，用"翁翁郁郁"来描绘树木的茂盛，等等。朱自清先生正是运用了许多叠字、叠词来深化物态情貌的形象感，让这些多样形态的叠字、

叠词更富有语言表现力。而这些叠词的运用看似不经意、随手拈来，却非常清新、自然，无词语堆砌、矫揉造作之感。由此可见朱自清先生用心之良苦。

此外，作品中好些叠词原是古代诗歌辞赋的惯用词语，朱自清先生却加以翻新，巧妙地进行改良，古为今用。诚然，作品中的那些叠词都极为平白、朴实，但朱自清使这一看似极为简单、平常却很独到的修辞手法产生了极其鲜明的实观效应，并在不知不觉中给人一种幽雅淡远的感受，仿佛渐渐沉醉于清香、醇正的美酒之中而难以自拔。与此同时，叠词的使用也使得作品的文气渐而变得舒雅徐畅，读起来节奏明朗、韵律协调，富有音乐的美感，而不会产生丝毫局促和逼迫的感觉。可见，朱自清先生此作品对叠词的运用可谓"恰是到了好处"。

朱自清在作品中如此运用叠词来描写景物、抒发情感，以至于有人认为，这是作者寄情山水之作，抒写清寒幽深的境界，表现凄凉的心境；或认为，这是表现作者欣赏月下荷塘自然之美的情趣，守着个人的小天地，表现闲适的心情；还有人认为，这是表现作者对现实不满的愤激心情和对美好生活的向往……林林总总，不一而足。批评有之，赞赏亦有，可谓"智者见智，仁者见仁"。无论读者如何欣赏、如何理解和体会，但叠词在本篇中的使用，正体现了朱自清先生《荷塘月色》在语言修辞上的一大特色，而这也是该作品的一大亮点。

二、巧用比喻、拟人，使所描绘画面色彩淡中见浓

在《荷塘月色》中，朱自清先生描写的月色是荷塘上的月色，描写的荷塘是月光下的荷塘，作品层次清晰分明、详略得当、疏密相间、自然舒展。而且，层次里复有层次，使描绘的画面富于立体感，更体现出一种渗透力。其中，作品对所描写事物的动静虚实、浓淡疏密的把握，既是作者对画意的巧妙布局，又是作者对诗情的精心设置。这不仅使作品描摹的整个画面色彩均匀、赏心悦目、美不胜收，令人陶醉，还透出一股神韵，渗出一种

浓淡相宜的诗意。

作品《荷塘月色》融情入景，即景抒情。那荷塘的景色：花是零星的，香是缕缕的，风是微微的，月是淡淡的。不明不暗，不浓不淡，不高不低，不远不近，甚而隐隐约约、曲曲折折，一切都是那么的调和、适中，是那么的幽淡、雅逸。作者那样描绘荷塘的景色，既真实地反映了其当时身处荷塘前委婉、细致的感受及微妙的"淡淡"的思绪，又借助于景物，创造出一种使人神醉的意境。

朱自清先生在写荷塘时，还十分巧致地描写了荷塘的月色，描写了荷叶以及荷花的形、色、香。

写月色——"月光也还是淡淡的"，"如流水一般，静静地泻在这一片叶子和花上"。将"流水"作为喻体，生动而形象地显现出荷花、荷叶所承受的月光是动态的却是无声的。此处，一个"泻"字，以动写静，以动衬静，化"静"为"动"，使人真切地感受到月光的流动感。

"虽然是满月，天上却有一层淡淡的云，所以不能朗照。"此句指出荷塘上的月色由于有淡淡的云遮着，因此，只有"淡淡"的月色，为整个荷塘的进一步描写做好了铺垫。

"叶子底下是脉脉的流水"，此句用了拟人手法，作家用形容人的词语"脉脉"来形容流水，增加了荷塘的内涵，进一步加大了荷塘静静的、"淡淡"的信息量。

写荷叶——从一开始，作者就用了比喻和拟人的修辞方法，从不同的角度对荷叶、荷花进行了形象的描绘，给读者一种非常清新、高贵的整体感觉。

"叶子出水很高，像亭亭的舞女的裙"，此句作者用了一个"明喻"来描写荷叶舞女般的风姿：以"亭亭"形容荷茎耸立，以"舞女的裙"形容荷叶如旋转中展开的裙。在"淡淡"的月色中，人们所见的荷叶主要是其自然舒展的形态，与裙子十分相似。"舞女"是亭亭玉立的、美丽可人的，散发着青春的气息，洋溢着生命的活力。而荷叶随风起舞时的婆娑、婀娜，就如同那亭亭玉立的花季少女美妙的身姿。

　　"叶子本是肩并肩密密地挨着，这便宛然有了一道凝碧的波痕"，此句由近及远地展示出由众多荷叶构成的"碧波"荡漾的景象。作品此时已经给读者勾勒出了一幅清丽如画的荷塘全景图,而且整幅画面的着色已由"淡淡"转而浓重了。

　　写荷花——"层层的叶子中间，零星地点缀着些白花"。白色的荷花点缀于绿色的荷叶间，而绿色的荷叶又映衬着白花，好不典雅、素净，一如荷花那"出淤泥而不染"的特性。而荷花又是形态各异的,"有袅娜地开着的，有羞涩地打着朵儿的，正如一粒粒的明珠，又如碧天里的星星，又如刚出浴的美人"，把水面上的荷花写得极为标致。接着，再通过"袅娜""羞涩"等词语将荷花拟人化。那洁白素雅的荷花，水灵灵、亮闪闪的，晶莹剔透、纤尘不染、玉洁冰清。她轻轻地、缓缓地升腾，展露于水雾迷蒙的月夜的荷塘上，多么清纯，多么优雅，简直就是超凡脱俗的仙女！

　　朱自清先生以细致的工笔和绝妙的比喻，对荷花的形神进行了一番令人神往的描绘，使得荷花的优美形象完全展现于读者的眼前。至此，整个荷塘，画面的着色便渐渐浓烈了起来。

　　"叶子和花仿佛在牛乳中洗过一样；又像笼着轻纱的梦"，此句以"牛乳"作比，十分贴切，又很绝妙，既显出其乳白色，又有鲜艳欲滴之感。"笼着轻纱的梦"这个比喻也极其贴切地描绘出月夜下荷塘的轻灵、朦胧与柔和,恰如其分地衬托出作者当下的心境。作者当时是"淡淡"的哀愁与"淡淡"的喜悦相互交织。带着如此心境，对所见之景进行描绘，必然给优美的月下荷塘披上朦胧的轻纱，使其更显清幽淡雅、安逸柔和。此时，荷塘与月色便很自然地融为一体,并从多个角度紧扣"淡淡"的这一作品的主线。

🏵 三、妙用通感，使描摹的事象渐渐具体化

　　朱自清先生对《荷塘月色》中所描写的对象有着非常细致的观察和深刻的体会。因此，他突破人们平常的经验，采用"通感"这种奇特而新颖的修辞手法，将作品的语言表达推向炉火纯青、出神入化的艺术境界。

所谓"通感"，就是在描写客观事象时，利用人们各种感觉之间的息息相通，进而运用形象化的语言把某一种感观上的感受，移接到另一种感观上。钱钟书先生也曾指出，巧妙地运用"通感"的手法，能使读者在不知不觉中产生"一种感觉超越了本身的局限，而领会到属于另一种感觉"的印象。"通感"修辞方法的运用，在现代散文创作中并不多见，但朱自清先生却能将这种手法运用得如此自然而娴熟，并且恰到好处，实在令人击掌称奇。例如：

"微风过处，送来缕缕清香，仿佛远处高楼上渺茫的歌声似的"。荷花的缕缕清香，经微风传送，就像是远方飘来的歌声一样，若有若无，时断时续，捉摸不定。花香本来是只能经由嗅觉才能感觉到的东西，但在作家笔下，它却成了具有美妙旋律的歌声。而那歌声是"轻柔的、婉转的，若有若无或时有时无的"，与那一缕一缕似断还续、时有时无的"清香"是何等的相似！歌声源自"高楼"，是在那亮着灯光的高楼顶层轻轻地、"淡淡"地飘下来的，给人以嗅觉渐而转至听觉的感受。朱自清先生把这种难以捉摸的荷花的"香气"，通过"缕缕"一词的外化，使之变为有形、生动可感之物，而在这由嗅觉转移至听觉的渐进过程中，读者的心理感受是那么的自然、惬意和舒适，毫无突兀之感。

"光与影有着和谐的旋律，如梵婀玲上奏着的名曲。"流动的光波原本是悄无声息的，却被朱自清先生描写成了动听的音乐，给人以视觉和听觉的感受。再者，"荷香""光影"和"歌声""琴声"，本来几乎没有什么相通之处，但朱自清先生却巧妙地运用了"通感"的修辞艺术，把嗅觉和视觉转化为听觉，描摹出"香"和"光"时断时续、似有若无的形态，使那种难以描摹的感觉通过另一种可感触、可体味的形象渐渐地具体化。与此同时，作家让感觉的转移伴随着想象不断地跳跃、提升，并通过"通感"修辞方法的运用，充分启发读者更加广阔深远的联想和想象，让读者从各自的生活经历和文化素养出发，进一步领会作品的思想内涵和艺术境界。而这正是朱自清先生运用语言修辞方法的高明与独特之处。

综上所述，朱自清先生在《荷塘月色》中，不用浓墨重彩，而是淡墨水彩，凭借丰富的想象，并根据悠然而触发的自身感受，巧妙地运用多种修辞手法描绘事物景象，抒发真情实感，一步步地引领读者进入如诗似画般令人无比陶醉的艺术境界中。尤其值得一提的是，朱自清先生对"叠词""比喻""拟人"及"通感"等修辞手法娴熟与独到的运用，为现代文坛的散文创作带来了一缕新风。

‖作品来源‖

《广西青年干部学院学报》2014 年第 3 期。

我们需学《荷塘月色》的什么

万发鹏

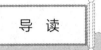

导 读

　　《荷塘月色》是朱自清先生的一篇名作，文中所使用的语言，以及如何使用语言是十分值得细细品读的。正如本文的题目"我们需要学《荷塘月色》的什么"一样，结合文字内容，对每一个字、词进行体味，都将有不一样的收获。

　　时间缔造了经典、创造了文化，而对经典文化的信仰则赋予了我们了解文化、延续文化的使命，从这一角度来说，《荷塘月色》无疑是一篇极其值得珍视的文章。而在阅读这篇文章时，所侧重的目标到底应该是什么呢？笔者始终持这样的观点，那就是无论朱自清先生的这篇文章内涵如何丰富，其语言的丰富性无疑都是最应当了解与接纳的。

一、感悟语言

　　对语言进行直接感知的最佳策略无非是诵读而已，阅读《荷塘月色》这篇文章尤其应当注意诵读方法的应用。首先应当在诵读中掌握这篇文章的语言特点。这是一篇以抒情为主的散文，具有情真景美、音韵玲珑的优势，节奏感很强，而且气势很舒展，这些都需要在诵读的过程中逐渐加以领悟，要充分感受到语言技巧的娴熟应用。对于《荷塘月色》这样的文章，多诵读肯定是有好处的，然而需要注意的是，反复诵读却并不同于无限制的多读，理想的状态是全文诵读或者重点部分诵读，第一次了解文章写了什么，第二次了解语言之美美在哪里，第三次在情景里面体味作者想要赋予文章的思想感情。当然，此处所提出的三次诵读的要求并不是僵化不变的，而是可以根据具体情况进行适当调整。

二、鉴赏语言

如果我们把反复诵读当成体味《荷塘月色》一文语言之美的基础性工作，那么如何对语言进行品味就是一项基础之上的主体工程了。朱自清先生善于驾驭语言，《荷塘月色》更是其作品中的精华。一个看起来非常普通的荷塘，一个普通的月色夜晚，在他的笔下竟然充满了无限的美感与诗意，使人不由得生起油然神往之意，这充分说明了文章的语言技巧之高明。细究起来，《荷塘月色》这篇文章的语言艺术有两个可圈可点之处：一是字句的精雕细琢，二是修辞手法的巧妙运用。若想对这两个方面均能做到熟稔于胸，可以对语言方面进行细细赏鉴：一是品读，也就是一边读一边想，细致玩味文章的语言及情味，像对文章叠字的把玩，蓊蓊郁郁、田田、亭亭、脉脉、静静、薄薄，每一组叠字的应用都有和谐章节、舒缓文气的作用，要细细把握。二是对照，当读到某些句子中的优美词汇的时候，可以思考用另外的词汇进行取代，看是否可以，如果不可以，原文的优势又在哪里？如："月光如流水一般，静静地泻在这一片叶子和花上。"是不是能用"照"字取代"泻"字？"薄薄的青雾浮在荷塘里"，是不是能用"升"字取代"浮"字……。比较之后，也就自然了解文章语言的无限精妙之处了。

三、在语言透视中寻觅语境的突破

清末民初大学者王国维曾经指出：一切景语皆情语。在《荷塘月色》这篇文章里，作者用了非常优美的语言对景物进行了细致的描写，如果只是为了写景，那未免沦为空洞；只是认识到语言与景物的关联，而不能升华到情感层面，同样辜负了本文的精妙之处，要更进一步由语言着手，体味作者的用情。从"这几天心理颇不宁静""但热闹是它们的，我什么也没有""可惜我们现在早已无福消受了"这些语言里面，我们很容易了解到，作者的情绪是有些犹豫和烦闷的。王国维所说"一切景语皆情语"并没有错，那么作者这篇文章写景时应当是忧伤多于优美的，可是文章为什么偏偏相反呢？曲曲折折的荷塘、田田的叶子、亭亭的舞女的裙，这些文字哪里能看出朱自清先生当时的孤独和烦闷之情呢？无论怎样，我们都难以在美景的语言描写中体味到作者的心情，这是不是作者的败笔呢？答案明显是否定的，这种看似具有极大反差的描写恰恰表明了作者高超的语言应用技巧，只有在语言透视中寻觅语境的突破，才能真正认识到这种矛盾背后的合理性。

《荷塘月色》具有语言上的无限优美，我们应当认识到这种优美、描述出这种优美，并站在情和景的二重境界对文章的深层次含义加以思考。

‖作品来源‖

《中学语文教学参考》2015 年第 36 期。

论朱自清的散文特色

周俊秋

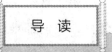

导 读

　　朱自清是中国现代散文的奠基人之一。其作品的思想特色、艺术特色和风格特色突出。在思想内容上，他的散文真实地表现了自己的生活、思想情感及个性特点。在艺术上，他的作品以漂亮、缜密著称，能"状难写之景如在眼前，含不尽之意见于言外"，在诗与画的交融上达到了很高的成就。在风格上，朱自清的散文显示出两种不同的文采：一种是工笔画式的精雕细琢，达到出神入化的美的极致；另一种是追求用词的朴实和口语化，力求达到"用笔如舌"的极境。

　　朱自清是我国现代文学史上一位杰出的散文家。在新文学的拓荒期，他以辛勤的耕耘，开拓者的胆识和勇气，为白话文赢得了读者和荣誉，成为现代散文的奠基人之一。

　　现代散文是中西文化碰撞、融汇的一个"宁馨儿"，是伴随"个人的发现"（郁达夫曾说："五四运动的最大成功，第一要算'个人'的发现。"）而产生的，是对传统散文的扬弃与超越。传统散文的核心是"载道论"，而现代散文的精神是"言志论"，言个人之志，显个性神情，让活生生的人走进散文。1921年，周作人发表文章，敦促"治新文学的人"写作"美文"，"开辟出一块崭新的土地来"（子严《美文》），算是它的发轫。不久，白话美文日渐增多，风格多姿多彩，朱自清就是这众多散文作家中成绩卓著的一个。

　　郁达夫曾在《新文学大系》中对朱自清的散文给予了很高的评价，说朱自清的散文是"满贮着那一种诗意，文学研究会的散文作家中，除了冰心女士外，文字之美，要算他了"。的确，朱自清是一位功力很深的散文家。他主张散文要写实，要精雕细琢，然而又不露斧凿之痕，如出水芙蓉，秀韵天成。他的散文贮满了一种浓郁的诗情画意，那清新质朴的语言，飘洒秀逸的气韵，恬淡自然的意境，如饮一盏醇酒，使人感到满口余香；又如一曲清歌，良久地余音绕梁。

朱自清的散文创作视野并不宽广，多半是个人的所见所闻，写自己生活的小天地。但是他能对生活细致地观察，深入地体会，善于捕捉一闪即逝的现象，并挖掘其内在的深远的社会内容和思想意义，使读者从常见的生活现象、事物中，从自然景色的描绘中窥见当时黑暗的社会风貌，体察作者对社会人生的观感、内在的思绪和潜在的情感细流。

一

朱自清的散文主要收在《背影》《你我》《欧游杂记》和《伦敦杂记》等散文集中。纵观朱自清一生的散文创作，就其思想内容而论，都在真诚地"表现着、批评着、解释着人生的各个侧面"（朱自清《背影》），体现他作为"大时代一名小卒"的社会责任感。他的散文大致可分为三类。

第一类是描写社会人生的散文。这类散文通过对社会人生片断的描写叙述，揭露控诉了旧中国社会的丑恶、黑暗与罪恶，反映作家对时代、社会、人生的直接关注与思考，表现出知识分子的正义与良知。如《生命的价格——七毛钱》通过一个五岁的小女孩被廉价拍卖这一血淋淋的现实，作者怀着悲愤和同情，向罪恶的"钱世界"提出控诉。《航船中的文明》通过航船中男女分座的旧习俗，揭露抨击了所谓礼仪之邦、文明古国的落后与愚昧，对所谓的精神文明进行了辛辣的嘲讽。《白种人——上帝的骄子》写作者从一个西洋小孩高傲凶恶的一瞥中，看到了一部缩印着的近百年的中国外交史，感受到民族被歧视的屈辱，产生了迫切的国家之念，觉悟到自己的民族被践踏的现实与历史根源，从而揭示出"反对帝国主义的欺凌，反对种族歧视"的深刻主题。这类散文以议论为主，重在明理，富有理趣。

常常是就事而论，将叙事和议论结合起来，把矛头指向旧的社会制度和社会习俗，幽默诙谐中藏有批判的锋芒，表明作者坚定厚实的民主主义思想。

第二类是描写个人家庭生活的散文。这类反映作者个人家庭悲欢离合的散文写得真切感人，准确地勾勒了当时社会阴影笼罩下小知识分子家庭生活的各个侧面，写出了真挚的父子之爱、夫妻之情、朋友之谊，揭示了生活重压下知识分子的困苦与挣扎。其中影响最大的是《背影》。作者通过对父亲给儿子送行情景的叙述，表现了人间至情——真挚的父子之情。文章以事写情，把具体事件的描述同深沉的抒情有机结合起来，通过亲自送子上车，给儿子拣定座位，千叮万嘱，亲自爬过铁道月台为儿子买橘子等情景，生动传神地表现了父亲对儿子的深情和儿子对父亲刻骨铭心的思念。全篇没有一字褒贬人生，但从父亲的失业、老境的凄凉颓唐、家庭的衰败，我们可以看出作者对灰暗的人生和悲凉的世态所含的愤意。《择偶记》《给亡妇》《儿女》等篇则从不同角度反映了旧式婚姻枷锁下青年男女的无限辛酸，对亡妻武仲谦的歉疚怀念之情及小知识分子"只为家贫成聚散"的穷苦处境。这类散文重在叙事，情意真切、形象生动。通过叙事描写、议论的有机交融，抒发作者的真情实感，给人以诚恳醇厚的美感。

第三类是描写自然景物的散文。这类散文在朱自清的创作中占有重要位置，有许多文情并茂、脍炙人口的作品，几十年来魅力长存，经久不衰。这类散文重在写景抒情，创造优美的意境，体现出对自然景物的精确观察，对声音、色彩的敏锐感觉，充分显示出作者善描写的艺术才能。这类散文更重要的价值是作者不是为了写景而写景，而是在写景中注入了自己独特的感受和内心的情愫，微妙地流露了他内在的思绪和生活情趣，这种流露时隐时现，需读者花费一番工夫去寻觅，从中可感觉出作者的思想脉搏。如《桨声灯影里的秦淮河》，借对南京秦淮河景物风情的描写，抒发了自己对人生的一些矛盾看法，表现了小资产阶级知识分子灵与肉、理智与情感的冲突，含蓄地表现了"五四"退潮后身处黑暗现实下作者复杂迷茫的心情。《荷塘月色》则在如诗如画的意境中传达出"心里颇不宁静"的情思，曲折地表达了作者不甘与黑暗势力同流合污又感济世无方的苦闷心境。

《春》《绿》等文章则显示了作者奋进有为、热爱生命、追求光明、憧憬未来的激情。由此可以看出，朱自清笔下的景物总是同现实人生的喜忧苦乐联系在一起，从中可以捕捉到五四时代小资产阶级知识分子艰难选择的复杂心路历程。

从以上三类散文中可以看出，作为文学研究会的一名重要成员，朱自清始终正视现实，不忘为人生创作的使命。朱自清认为文艺的力量就在于情感，"情动于中而形于言"，"我意在表现自己，尽了自己的力便行，仁智之见，是在读者"。所以无论是朴素动人的《背影》，还是明净淡雅的《荷塘月色》，抑或是委婉真挚的《儿女》，读者都可以从中感受到作者正直、爱国，不满黑暗现实，具备高度文化修养的个性特点和作为早期诗人的满腔激情。

 二

艺术上，朱自清的散文以漂亮、缜密著称。漂亮，指笔触的细腻、描写的生动、画面的优美;缜密，指构思的精巧、结构的严谨，讲究谋篇布局。

朱自清与冰心同以文字优美闻名，冰心善抒情，朱自清善描写，在描写中抒发感情，在诗与画的交融上达到很高的成就。在朱自清之前的白话散文中已有游记和写景文。但那些写景文只是感叹"景色绝美"，"景色真是好看"，还不能以语言为工具描绘出山水景致的状与色。而朱自清能"状难写之景如在眼前，含不尽之意见于言外"，创造了情景交融、诗画一体的意境。在当时新旧文学的激烈斗争中，朱自清以模范的白话美文起到了向封建旧文学示威的作用。

朱自清散文在艺术上的最大特点是美。罗丹说过，生活中不是缺少美，而是缺少发现美的眼睛。朱自清有一双善于从生活中发现美的眼睛。而这种发现常常又是有他自己独到之处的。从现实主义创作原则出发，朱自清十分强调对客观事物进行仔细的观察，从不苟同别人而强调亲自体味。他常能突破一般思索的框框，另辟新径、独出心裁，使作品产生一种超凡脱俗、不同凡响的力量。他常在人们忽略的地方加倍地描写，使你于平常身历之境，也会有惊异之感。如《绿》是描写梅雨潭的，朱自清对这里的景色有独特的感受。他撇其形而取其色，显示出观察、描写角度的独特。绿是一种颜色，可视而不可触。但在作者笔下，绿简直像有了魔力，绿得幽深、绿得静美、绿得嫩润、绿得明媚、绿得令人神迷心醉。作品中有这样的描写："我的心随潭水的绿而摇荡。那醉人的绿呀，仿佛一张极大极大的荷叶铺着，满是奇异的绿呀，我想张开两臂抱住她，但这是怎样一个妄想呀！"接着，作者对自然景物的色彩——绿，作了丰富的比喻和联想，将梅雨潭水的颜色、涟漪、光泽以及柔嫩、纯洁等各种形态，活脱脱地描绘了出来，临末，还送给它一个圣洁高雅的名字——"女儿绿"。写到此，作者的感情真是柔美到了极点，可以看出作者已将自己的全部身心融化在这一潭绿水中。用了一连串奇特的想象、比喻，写尽了绿的千般风韵、万种姿容。然后又用情感的涓涓细流来浸润读者的心灵，创造出优美深远的意境，触发人们共同的美感，使读者也不能不跟着作者一起心驰神往，惊诧于梅雨潭的绿了。

读着这样的散文，确实令人叹服作者高超的语言表现力。文中用的每个比喻都是那么贴切，都给人以十分丰富的美的享受，使人感到既有一种逼真传神的形象美，又有一种清新宜人的情趣美，还有一种细腻入微的技巧美。

朱自清散文的美还表现在结构的匀称和完整上。他的散文篇幅大都比较短小，多则几千字，少则三五百字，真可谓惜墨如金。作者欲在极经济的篇幅中构思作品，因此，他十分重视结构艺术，讲究篇谋布局，并善于对素材进行去粗取精的提炼和选择，从而疏密相间、详略得当、虚实结合地表现主题。如《荷塘月色》，全文1000多字，格局不大，境界却很深。全篇以时间为顺序，从作者在心绪不宁静的夜晚出游荷塘写起，到游归结束，以感情的发展变化为线索，随着作者足迹的或行或止，视线的远近高低，用移步换影的方法来描绘景物，抒发感情。这样的结构严谨细密，脉络清楚，又不露人工斧凿的痕迹，像行云流水一般，达到了散文"形散神聚"的可贵境界。结构文章的同时，作者又进行了精心的剪裁和巧妙的安排，没有平均使用笔墨，平铺直叙，而是略写与详写相结合，既有大笔涂抹，粗线条的勾勒，如文章的第二自然段；又有工笔细描，精细入微的描摹，如文章的第四、五、六自然段中正面描写荷塘月色的部分。作者按照观察的角度，由近及远、由上而下的空间顺序，选择了一系列最能表达他心绪的自然景物进行绘声绘色地描写。先写荷塘：荷叶、荷花、荷香、荷波，次写月色，再写荷塘四周的环境、景物，极有层次地描绘了一幅恬淡幽静的荷塘月夜景色，从而烘托出作者寂寞惆怅、孤独苦闷的心境。

《背影》的结构也十分精美凝练。作者抓住瞬息间的生活感受，以最令他感动的父亲的背影为行文线索，用诗的具象方法来构思作品，将父亲这一瞬间的形象——背影加以诗化。文中四次提到背影，背影的多次出现，不是简单的重复，而是包含了一次比一次更加浓烈的感情。第一次是开篇点题。第二次是写父亲过铁道为作者买橘子，是全文的重点，用笔较重。作者怀着对父亲的深情，具体而细腻地刻画了父亲的背影。第三次是父亲离开车站时，虚带了一笔。第四次是文章的结尾："在晶莹的泪光中，又看见那肥胖的、青布棉袍、黑布马褂的背影。"文章最后的背影把通篇的情感推向高峰。结尾一句："唉！我不知何时再能与他相见！"这平淡一语，既和篇首形成呼应，又蕴含着作者无限的悲思。作品到此戛然而止，曲终情在，令人久久回味。

从以上不同的几篇作品中可看出，朱自清的散文笔触开阔，挥洒自如，看似笔墨放纵、不守成法，却活而不乱，从不逾矩，在不经意中见法度，在自由中见规矩，把放松和严谨、自然气势和艺术匠心完美地结合起来，显示出驾驭作品的功力。

三

朱自清在散文创作上多方面的探索、追求，逐渐形成了他与众不同的独特风格。"风格就是人"。风格作为文学作品的风貌和格调，虽然是作品的外在表现，但实际上却是形于外而成于中，是思想和艺术、内容和形式的统一表现。风格最能显示一个作家的创作才能和个性。

总的说来，可以用清新婉约、纯正朴实来概括朱自清散文的风格特色。他的作品中，有的玲珑剔透，如《绿》；有的清雅隽秀，如《荷塘月色》；有的质朴无华、蕴藉腴厚、词近情遥，如《背影》《儿女》《给亡妇》。这些作品，显示出朱自清散文两种不同的文采和风格。

一种是进行工笔细描、精雕细刻的写景抒情散文。这种散文语言优美，文采绚丽，多用新颖脱俗的比喻。作者常常凭借丰富的想象力，使描写对象飞腾而起，于奇思妙想中，创造了气象万千、别具风格的画面，并用生花的妙笔赋予极难把握的无形物以具体、可感、栩栩如生的形象，使所描写的对象呼之欲出。《绿》《荷塘月色》《春》等作品都有这种奇妙的联想、比喻。读这种风格的散文，让人感到韵味醇厚、异彩纷呈、如醉如痴、美不胜收，达到了出神入化的美的极致。

另一种是体现"谈话风"的散文。这种散文自然、朴素、亲切，多采用白描的手法来叙事、描写，一般不用绚丽浓艳的比喻，而是用清淡的语言、平易的叙述，老老实实写来，在朴素中寓情感，以真情打动读者。描写个人家庭生活及社会人生的散文多属于这种风格。

在这类散文中，作者追求用词的朴素和口语化。但追求朴素又绝不平板，他既注重口语化，又注意创造新的语言。在《儿女》里，他以寻常的口语为基础，加以锤炼改造，以独创的新鲜用语和巧妙的句式来表情显态，描写了一幅幅生动的生活画面。譬如描绘孩子们吃饭时的情景："你要大碗，他要小碗，你说红筷子好，他说黑筷子好；这个要干饭，那个要稀饭，要菜要汤、要鱼要肉、要豆腐要萝卜；你说他菜多，他说你菜好。"吃完后，"桌子上饭粒呀、汤汁呀、骨头呀、渣滓呀，加以纵横的筷子、敧斜的匙子，就如一块花花绿绿的地图模型。"可以说，这里没有半点修饰，可又分明是经过艺术加工后的语言，因此显得十分优美和谐。作者长话短说，一组组短短的排比，使整个句子波浪式地推进：争碗、争筷、争饭、争菜，语气越来越急，节奏越来越快，从而有声有色、有情有致地描写了孩子们吃饭时你争我夺、说长道短的热闹情景。

朱自清认为富有谈话风的作品读了亲切有味，说"用笔如舌"是"文章的极境"，"但这是一个怎样不易达到的境界！"从朱自清的散文中我们不难看出，越到后来，他越追求这种朴素自然的境界。这种境界体现的是一种"豪华落尽见真淳"的美，是一种"大巧若拙"的艺术风格，是博大精深后的平易浅近。苏东坡曾说："凡文字，少小时须令气象峥嵘，彩色绚烂，渐老渐熟，乃造平淡。其实不是平淡，乃绚烂之极也。"

朱自清的两种不同文采、风格的散文可以说大致反映了他散文发展变化的过程。绚丽之极乃有平淡，朴素从风华中来，自然由雕饰脱胎，终于达到炉火纯青、自成高格的境界。

‖作品来源‖

《首都师范大学学报》（社会科学版）2002 年第 S2 期。

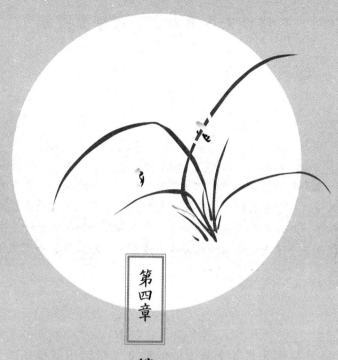

第四章

继往开来·作品价值

浅谈朱自清散文的模糊意境美

蔡　丰

导　读

　　朱自清的散文大量运用了模糊修辞，生动地描写了众多的形象，并且将这些形象有机地结合在一起组成一个系统，构成情景交融的优美意境，同时给人以模糊的美感。朱自清散文的模糊意境美主要体现在以下三个方面：形象的模糊美、情景交融的模糊美和虚实相生的模糊美。

　　朱自清是现代著名散文家，他的散文大量运用了模糊的语言，生动地描写了众多的形象，并且将这些形象有机地结合在一起组成一个系统，构成了情景交融、虚实相生的优美意境，同时给人以模糊的美感。

　　什么是意境呢？"所谓意境，是指抒情性作品中和谐广阔的自然和生活图景渗透着作者含蓄丰富的情思而形成的能诱发读者想象和思索的艺术境界。"[1] 意境往往具有一定的模糊性，这是由文学作品的模糊性所决定的。文学作品为什么具有一定的模糊性呢？黎千驹先生指出："文学创作的特殊思维形式——形象思维决定了文学作品的模糊性。……用形象反映社会生活决定了文学作品的模糊性。……语言艺术决定了文学作品的模糊性。"[2] 文学作品中存在着大量的模糊语言，而模糊语言具有含蓄的意蕴，意在言外的艺术魅力，能唤起人们丰富的想象，便于表达复杂、微妙、丰富的思想感情，能使作品更形象生动，达到更感人的艺术效果。那么，什么是模

---

[1]　童庆炳:《文学理论教程》，高等教育出版社，2008年。
[2]　黎千驹:《实用模糊语言学》，广西师范大学出版社，1996年。

糊语言呢？黎千驹先生认为："模糊语言可以分为狭义和广义两种，狭义的模糊语言是指那些表达了事物类属边界或性质状态方面的亦此亦彼性、非此非彼性，即中介过渡性的词语。广义的模糊语言除此之外还包括模糊语音和模糊语法。"由此可知，"语言之所以有模糊性，其根本原因就在于事物类属边界或性质状态方面的亦此亦彼性。当人们用语言符号来表征这种亦此亦彼性的时候，就必然会使得语义也具有模糊性"。[1] 由此可知，在文学作品中恰当地运用模糊语言能有效地提高作品的模糊意境美。

　　本文通过对朱自清散文中的代表作《春》和《荷塘月色》中所运用的模糊语言进行分析，来探讨其散文的模糊意境美。朱自清散文的模糊意境美主要体现在形象的模糊美、情景交融的模糊美和虚实相生的模糊美三个方面。

一、形象的模糊美

　　形象包括自然景物形象、场景形象和人物形象等。以朱自清的《春》和《荷塘月色》为例，作者运用大量的模糊语言描写了不同的自然景物形象、场景形象和人物形象等。例如：《春》描写了春醒图、春草图、春花图、春风图、春雨图、迎春图和颂春图，这些形象有机地结合在一起组成一个系统，从而构成一幅优美的春景图。"一切都像刚睡醒的样子，欣欣然张开了眼。山朗润起来了，水长起来了，太阳的脸红起来了。"作者非常准确地描绘了春天的山、水、太阳，从而构成了一幅春醒图。"小草偷偷地从土里钻出来，嫩嫩的，绿绿的。园子里，田野里，瞧去，一大片一大片满是的。坐着，躺着，打两个滚，踢几脚球，赛几趟跑，捉几回迷藏。风轻悄悄的，草绵软软的。"作者抓住春草嫩、绿、多的特点来描写，"小草偷偷地从土里钻出来"，一个"钻"字生动地描写出春草破土而出的情状，表现出春草顽强的生命力，而"偷偷地钻出来"，意在形容小草在人们不知不觉之中就出现了。"桃树、杏树、梨树，你不让我，我不让你，都开满了花赶趟儿。

---

[1]　黎千驹：《模糊语义学导论》，社会科学文献出版社，2007年。

红的像火，粉的像霞，白的像雪。花里带着甜味，闭了眼，树上仿佛已经满是桃儿、杏儿、梨儿！花下成千成百的蜜蜂嗡嗡地闹着，大小的蝴蝶飞来飞去。野花遍地是：杂样儿，有名字的，没名字的，散在草丛里，像眼睛，像星星，还眨呀眨的。"作者运用拟人的手法来描写花争春，运用比喻的手法描写花的色彩，接着描写花的甜味，用"仿佛"一词来虚写树所结的果实；而花下的情景则是蜂飞蝶舞，并且用一个"闹"字来描写成千成百的蜜蜂。这是一幅繁花似锦、蜂飞蝶舞、春意盎然的美景。"'吹面不寒杨柳风'，不错的，像母亲的手抚摸着你。风里带来些新翻的泥土的气息，混着青草味，还有各种花的香，都在微微润湿的空气里酝酿。鸟儿将窠巢安在繁花嫩叶当中，高兴起来了，呼朋引伴地卖弄清脆的喉咙，唱出宛转的曲子，与轻风流水应和着。牛背上牧童的短笛，这时候也成天在嘹亮地响着。"作者描写了春风的轻柔、温馨、芬芳，并且轻风与鸟儿的歌唱、流水的声音、牧童短笛的声音应和着，从而构成一曲动听的春天交响乐。

　　"雨是最寻常的，一下就是三两天。可别恼，看，像牛毛，像花针，像细丝，密密地斜织着，人家屋顶上全笼着一层薄烟。树叶子却绿得发亮，小草也青得逼你的眼。傍晚时候，上灯了，一点点黄晕的光，烘托出一片安静而和平的夜。在乡下，小路上，石桥边，撑起伞慢慢走着的人；还有地里工作的农夫，披着蓑，戴着笠。他们的草屋，稀稀疏疏的在雨里静默着。"雨"像牛毛，像花针，像细丝，密密地斜织着"，描写出了春雨的细密形态；接着用"人家屋顶上全笼着一层薄烟。树叶子却绿得发亮，小草也青得逼你的眼"来描写雨中的景色，其中"绿得发亮"和"青得逼你的眼"，把树木、小草经春雨淋浴后的鲜艳色彩描绘得十分逼真。

　　《荷塘月色》描写了月下荷塘和塘上月光等景色，这些场景有机地结合在一起，构成了一幅优美的荷塘月色图。月下荷塘：荷叶亭亭如舞女的裙，这不由得让人联想到荷叶随风起舞时那婆娑婀娜的美妙身姿；点缀其间的白色荷花，又令人情不自禁地想起她"出淤泥而不染"的品格。至于荷花的形态，则是异彩纷呈，"有袅娜地开着的，有羞涩地打着朵儿的；正如一粒粒的明珠，又如碧天里的星星，又如刚出浴的美人"。荷花"袅娜、羞涩，似乎荷花有如仙子一般。此时，"微风过处，送来缕缕清香，仿佛远处高楼上渺茫的歌声似的。这时候叶子与花也有一丝的颤动，像闪电般，霎时传过荷塘的那边去了。叶子本是肩并肩密密地挨着，这便宛然有了一道凝碧的波痕。叶子底下是脉脉的流水，遮住了，不能见一些颜色；而叶子却更见风致了"。这一缕"微风"让原本就美丽的荷花图有了动感：荷香如歌，似有若无；花叶颤动，流波溢彩。作者运用大量的模糊语言，对荷叶、荷花、荷色、荷香进行了细致的工笔描绘，让人情不自禁地沉醉在这月下荷塘的美景之中。塘上的月光："月光如流水一般，静静地泻在这一片叶子和花上。薄薄的青雾浮起在荷塘里。叶子和花仿佛在牛乳中洗过一样；又像笼着轻纱的梦。"月光"如流水一般，静静地泻"着，一个"泻"字，化静为动，使人看到了月光的流动感；"薄薄的青雾浮起在荷塘里"，一个"浮"字又突出了雾的轻飘朦胧。"弯弯的杨柳的稀疏的倩影，像是画在荷叶上"。"光与影有着和谐的旋律，如梵婀玲上奏着的名曲"。作者运用大量的模糊语言描写了一幅月光如水、薄雾似纱、花叶如梦、杨柳如画、光影似曲的优雅、朦胧、幽静的塘上月光图！

二、情景交融的模糊美

情景交融是散文的一个重要特点。然而作者的情感并不是抽象地表达出来的，而是熔铸在生动鲜明的形象之中。王夫之云："情景虽有在心在物之分，而景生情，情生景，哀乐之触。荣悴之迎，互藏其宅。"[1]王国维认为作者的情感之于作品，"有有我之境，有无我之境"。"有我之境，以我观物，故物皆著我之色彩；无我之境，以物观物，故不知何者为我，何者为物"。[2]情感的复杂性与这种情景交融的特征，也就决定了文学作品中所流露的情感具有一定的模糊性。朱自清的著名散文《春》和《荷塘月色》均做到了景中有情、情中有景，情景交融。眼前的物象唤醒记忆中的表象，情感体

[1]　王夫之：《姜斋诗话》，人民文学出版社，1961年。

[2]　王国维：《人间词话》，群言出版社，1995年。

验也一同苏醒，于是心物感应，情景相生，触景生情，缘情造景。同时作者运用了大量的模糊语言，这些模糊语言不仅体现在作者对景物的描写上，也体现在作者对自己情感的抒发上，从而形成了散文中情景交融的模糊美。

例如《春》："盼望着，盼望着，东风来了，春天的脚步近了。"把"盼望着"重叠，这就强化了人们对春天的期盼。"春天的脚步近了"，用拟人的手法告诉人们春天正在大踏步地向我们走来，作者的喜悦之情溢于言表。"一切都像刚睡醒的样子，欣欣然张开了眼。山朗润起来了，水长起来了，太阳的脸红起来了。"好一派大地回春万物复苏的景象！作者的心里自然也充满着欢乐。接着作者分别描写了春草的嫩绿，百花争艳，春风和煦，细密的春雨，辛勤劳作的人们，这一切都在表明：自然界充满着生机，人们充满着希望。《春》是一幅秀丽的春光画卷，是一首青春的颂歌，也反映了作者对美的追求，表达了作者对未来的希望，整个作品流露着一种积极进取的精神。由此可见，作者通过运用大量的模糊语言描写春天的景物，借以抒发自己昂扬向上的情感，从而形成了情景交融的模糊美。

让我们再来看看《荷塘月色》这篇散文是如何做到情景交融的。"这几天心里颇不宁静。"这是一个由模糊词语组成的模糊句子。作者为什么"这几天心里颇不宁静"呢？朱自清没有直接点破，但这句话成为了全文的"文眼"，为全文定下了抒情的基调。为了排遣心中这"不宁静"的苦闷，于是作者趁着月色独自漫步荷塘，去寻找宁静。他写道："我且受用这无边的荷香月色好了。"这个模糊句子中透露出作者内心一丝的喜悦。在这种心境之下作者来欣赏"荷塘月色"。他看到月下荷塘里田田的荷叶，"叶子出水很高，像亭亭的舞女的裙"。看到"层层的叶子中间，零星地点缀着些白花，有袅娜地开着的，有羞涩地打着朵儿的；正如一粒粒的明珠，又如碧天里的星星，又如刚出浴的美人"。闻到荷香，"微风过处，送来缕缕清香，仿佛远处高楼上渺茫的歌声似的"。看到"叶子底下是脉脉的流水"。他看到荷塘上的月色：月光如流水，薄雾似轻纱，花叶如梦，斑驳的黑影，杨柳的稀疏的倩影，光与影有着和谐的旋律。他看到荷塘的四面："远远近近，高高低低都是树"，"树色一例是阴阴的"，"隐隐约约的是一带远山"，

"树缝里也漏着一两点路灯光，没精打采的"，听到"树上的蝉声与水里的蛙声"。这就是作者见到的"荷塘月色"，多么美丽的画面，多么宁静的氛围，多么雅致的格调啊！在美丽的自然环境里作者似乎寻找到了宁静。"但热闹是它们的，我什么也没有"。"但"字笔锋一转，内心那淡淡的哀愁仍然难以排遣，还是跟出门时一样"颇不宁静"，而当他回到家门时，又从"惦着江南"的遐想之中回到了现实，心中的烦恼依旧。由此可见，朱自清通过运用大量的模糊语言描写荷塘月色的美景，借以抒发自己对现实的不满，并排遣在理想与现实的对撞中矛盾的苦闷之情，从而形成了情景交融的模糊美。

三、虚实相生的模糊美

虚实相生是中国画的传统技法之一。中国画讲究"计白当黑"的空白艺术，这正如宋代画家郭熙所说："山欲高，尽出之则不高，烟霞锁其腰则高矣。水欲远，尽出之则不远，掩映断其脉则远矣。"它能给人以想象的空间，让人回味无穷。中国的诗歌和散文借鉴了中国古代绘画的这种技法，也重视虚实相生，以此来开拓诗文的意境，为读者提供更为广阔的审美空间。虚实相生也是意境的特征。诗歌散文中所谓的"实"，是指眼前所见的事物，是具体事物；所谓的"虚"，是指虚幻之事物，是抽象事物，是言外之意。在现代散文当中，朱自清的散文最能体现虚实相生的这一特点。对此我们可以从三个方面来探讨：一是实写景物，虚写情感。上文所探讨的朱自清散文"情景交融的模糊美"，从虚实相生的角度来看，也体现了虚实相生的模糊美，它实写眼前之景物，虚写心中之情感。二是实写眼前之景，虚写虚幻之景。例如《春》："桃树、杏树、梨树，你不让我，我不让你，都开满了花赶趟儿。红的像火，粉的像霞，白的像雪。花里带着甜味，闭了眼，树上仿佛已经满是桃儿、杏儿、梨儿！花下成千成百的蜜蜂嗡嗡地闹着，大小的蝴蝶飞来飞去。野花遍地是：杂样儿，有名字的，没名字的，散在草丛里，像眼睛，像星星，还眨呀眨的。""桃树、杏树、梨树，你不让我，我不让你，都开满了花赶趟儿。红的像火，粉的像霞，白的像雪。花里带着甜味"，这是实写眼前之景；"闭了眼，树上仿佛已经满是桃儿、杏儿、梨儿"，这是虚写虚幻之景；"花下成千成百的蜜蜂嗡嗡地闹着，大小的蝴蝶飞来飞去。野花遍地是：杂样儿，有名字的，没名字的，散在草丛里，像眼睛，像星星，还眨呀眨的"，这又是实写眼前之景。作者通过虚实相生的方法，描绘出了繁华满枝、硕果累累、蜂飞蝶舞、野花遍地的美丽景象。三是实写具体景物，虚写抽象事物。景物是具体的，而情感是抽象的，可高明的作家皆能够寓情于景、情景交融，朱自清亦然。王国维评价宋祁的《玉楼春·春景》中"红杏枝头春意闹"之句时说："著一'闹'字而境界全出。"这是为什么呢？因为宋祁能将浓浓的春意虚化为红杏盛开、蜂飞蝶舞、春意盎然之实，但句中并没有描写蜂飞蝶舞，而读者完全可以由这"闹"字去展开联想。朱自清在《春》中写道："花下成千成百的蜜蜂嗡嗡地闹着，大小的蝴蝶飞来飞去。"花下蜂飞蝶舞，用一个"闹"字来描写成千成百的蜜蜂"闹春"，盎然春意由此可见，与宋祁的诗句有异曲同工之妙。《春》还写道："春天像刚落地的娃娃，从头到脚都是新的，它生长着。春天像小姑娘，花枝招展的，笑着，走着。春天像健壮的青年，有铁一般的胳膊和腰脚，他领着我们上前去。"作者运用比喻手法分别把春天比喻为娃娃、小姑娘和健壮的青年，化抽象为具体，这就从不同的角度描写了春的成长过程，含蓄地写出了春天"新""美""壮"的特点，让人们感觉到春意越来越浓，从而构成了一幅颂春图。由上文所举之例可知，朱自清散文虚实相生的模糊美，绝大多数是运用模糊语言来达到的。

综上所述，朱自清的散文通过大量地运用模糊语言来写景状物，构成了形象的模糊美、情景交融的模糊美和虚实相生的模糊美，从而形成其散文的模糊意境美。

‖作品来源‖

《毕节学院学报》2013 年第 7 期。

浅谈朱自清散文的艺术特色

崔美歌

导　读

　　本文从主题、创作、构思、语言四个方面探析了朱自清散文的艺术特色，针对朱自清先生的几篇作品而从不同的角度分析，从而更加深刻地体会理解文章语言的使用特点。朱自清的散文具有自己独特的特色，这也是让广大读者对他的文章爱不释手的原因。

　　朱自清是以诗走上文坛，而以散文在现代文学史上独树一帜，获得国内与国际赞誉的。他的散文创作单纯而又复杂。说它单纯，是指它的文字朴素和细腻，灌注了一股真挚的而又深沉的感情，容易为人们感受和理解。说它复杂，是指它那复杂、纷繁的内涵，是人们不易感受和把握的。他的散文思想内容各不相同，艺术表现手法也迥然有异。有的是借景抒情，托物言志。有的则是印证现实，直抒胸臆。有的柔情似水，委婉多姿，流露出一丝淡淡的忧愁。有的又怒火中烧，慨然陈词。即使同属写景抒情的散文，也是一篇有一篇的风范与艺术表现手法。甚至具体到某一篇散文里，也往往是言在此而意在彼，笔墨虽淡而情味实浓，看似温柔，实属刚烈。所以要概括他散文的艺术特色并不容易。勉强说它结构严谨，语言简练而流畅，或是笔致简约、朴素亲切，也未免空泛、笼统，以至于有硬凑、割裂之弊。那么，应如何评价朱自清散文的艺术特色？本文试以《匆匆》《绿》《背影》《荷塘月色》这四篇思想内容相近的抒情散文为例，探析他散文的艺术特色。

❀ 一

寻求光明，探索人生，真切地描写人生，这是朱自清散文创作上的一个总的主题，总的感情趋向。这种主题和感情趋向成为他的散文创作主题的突出特色。这在《匆匆》《绿》《背影》《荷塘月色》中，有着清晰、深刻的反映。

《匆匆》作于 1922 年 3 月，当时正是五四运动落潮之际，文化统一战线已经分化。朱自清更是陷入了彷徨无主的苦闷中。但他并不消沉。《匆匆》把时间写得如此宝贵，这是那些消极对待生活，无聊地虚掷时光、消磨时间的人所不可能有的感受。虽然作品中也有诸如"在逃去如飞的日子里，在千门万户的世界里我能做些什么呢？只有徘徊罢了，只有匆匆罢了"，"我赤裸裸来到这世界，转眼间也将赤裸裸地回去罢"这样的文字，但这并非心灰意冷的消极沉沦，而是急切的自我批评、自我激励，他要珍惜时间，要有所作为。从古至今，惜时劝学、励志进取之作有很多，但像朱自清在《匆匆》里写得如此急切，如此生动逼真，令人悚然而惊，愤然而起的作品，还是不多的。

朱自清对光明的追求和对人生的探索从来没有间断过。虽从 20 年代初期到抗日战争全面爆发，由于历史的原因，他是有过回避斗争的倾向，但他总的趋向还是要"挣扎，挣扎"，他还是要"别耽搁"，要"走！走！走！"这种虽有消极情绪而又不甘于消沉，以及他那正直不阿，不屑与邪恶、庸俗同流合污的个性，使得他在探索人生时，有时不免采取了躲避斗争、洁身自守的人生态度。这就是《桨声灯影里的秦淮河》《春》《绿》《荷塘月色》这些散文写作的内在基础。

社会是丑恶的，这使他痛苦。自然是美好的，这使他愉悦。于是对自然的热爱、歌颂，便成为他解脱痛苦，寄托希望最好的表现手法。《桨声灯影里的秦淮河》在迷人的美景里，始终映现着令人惆怅的历史陈迹。作者在自然美景里自我陶醉，自我解脱，但偏有那些不愉快的、使人"踌躇不安"

的事，连连而来，"我受了三次窘，心理的不安更甚了。清艳的夜景也为之减色。船夫大约为了赶第二趟生意，催着我们回去；我们无可无不可的答应了"。"这时我们有了不足之感，而我的更其浓厚。我们却又不愿回去，于是只能由懊悔而怅惘了。船里便载着怅惘了"。如果说《桨声灯影里的秦淮河》是理想与现实、理想与历史、歌颂与批判的复杂融合，以展示对人生探索的挫折与感叹的话，那么《春》与《绿》则是借景抒情，借对自然美的歌颂以示对丑恶现实的否定与诅咒，从而呼唤光明。"春天像健壮的青年，有铁一般的胳膊和腰脚，它领着我们上前去。"这是写自然的春天，更是写祖国的春天。《荷塘月色》与《桨声灯影里的秦淮河》相比，思想感情更加深沉，他由于"这几天心里颇不宁静"，才要在夜间独自去荷塘走走，路虽然"阴森森的"，但"这片天好像是我的"，因而"便觉是个自由的人"了。这就含蓄而深刻地映现了当时的恐怖环境，和作者苦闷、不安的心境。可诅咒的现实，在可亲可爱的自然景物——荷塘月色中，更显得可恶、可诅咒了。他的《背影》以家庭的破败，骨肉的离散，写出了社会的变化，人生的艰辛，是作者面对人生最真切的文字。

由此可见，这些散文都表现了作者对光明的向往，对人生的探索，这是朱自清散文创作的总主题、主旋律。正像他青年时代写的长诗《毁灭》中所说，"我要走，一步步踏在泥土上，打上深深的脚印"，他的一生贯穿着这种可贵的精神，读来令人感动不已。

 二

看得细，想得新，写得真，这是朱自清散文创作的一大特色。朱自清对散文创作的基本主张是：提倡写实，要深入观察生活，崇尚革新。他在好多篇作品里都主张"文以载道"，要求内容与形式的统一。强调对客观事物要细致观察、深入体会、真实描写。写作时，他强调作家可以"不注重一千一万"，而要"注重一毫一厘"。他不但有这种扣住细微、品辨毫厘的长处，还有想得新、写得真的特点。自古至今，人们都感到时间流逝很快，常用"光阴似箭""时光如流水"等词语去表达，而朱自清却完全突破了旧的习惯。他先用耳目可触的自然界鸟去花落，尚能再来再开，衬托时光不复的可惧，这便有了新意。而顺此连问：是有人偷了！藏在何处？是他们自己逃走了？又躲到哪里？更是想得新、问得妙，顺此而下，写心里的感觉，一直到死的预想，无一不新颖、奇巧。这便自然激起读者感情上的波澜，急急地读下去。

看得细易于做到，想得新便有些难度，而要写得真就更难了。朱自清却都做到了。《绿》便是一个典型的例证。开笔用"我第二次到仙岩的时候，我惊诧于梅雨潭的绿了"，概括总的观察和感觉，用"绿"作为统帅全文的核心。然后用远景、近景的变换，用视觉、触觉、听觉各种器官对瀑布、亭子、潭从不同角度进行了细微的观察和描写，并始终将"绿"作为观察、描写的核心。所以写得细腻、生动、神采飞扬。就连瀑布"被扯成大小的几绺"，以及它像梅花，还是像杨花，都细致地观察到了，也写出来了。而最有特色的是他想得新、想得奇。

他由"我的心随潭水的绿而荡漾"，想到他"仿佛一张极大的荷叶铺着"，便"想张开两臂抱住她"；看着那轻轻摆动的绿，想到"跳动的初恋的处女的心"；看着那明亮的、鸡蛋清那样软、那样嫩的绿，"想着所曾触过的最嫩的皮肤"。而且，由她想象"宛然一块温润的碧玉"，想到北京什刹海伏地的绿杨，她可爱得竟使他和她说起情话了，和她商量要把她作为带，送给舞女，使之临风飘举；把她作为慧眼，送给盲妹，让其明眸善睐。最后却是"我舍不得你"，而且是"掬你入口，便是吻着她了"。这想得又是多么新颖、神奇、甜美。这也正是朱自清散文魅人的魔力。

 三

选材精，结构巧，这是朱自清散文构思上的特色。他以要创作"精粹的艺术品"要求自己。于诗是这样，于散文也是这样。他选材力求其精，达意力求其深，结构力求其巧。故而能以微见广，以浅见深，于朴实中见精巧，将人引入一个特定的诗的意境。《绿》是作者游温州仙岩后写的。仙岩是瑞安县境的一个风景区，引人的景物很多，但他独取梅雨潭，而梅雨潭又独取一个"绿"，字里行间无处不映着"绿"色，渗着"绿"意。而潭、瀑布、亭子、岩石、石弯门，又都是"绿"的附着物，是为"绿"而存在、而出现的。《匆匆》的调子，则统一在"轻"字上：全篇轻轻悄悄，字数五百字，结构只转半个弯，大部分句子五六个字，简短伶俐；一连串问题不求答，飘忽即过；词语的色调也极轻灵，燕子杨柳、轻烟飘风、薄雾游丝，全部力量就用在不显力量上。而这种和谐统一的"轻灵"的美，又是跟《匆匆》所表现的当时知识青年的情绪是相一致的。由此可见其选材精练到了极致。

　　《背影》是写家庭的破灭和对父亲的怀念之情的。这年冬天，祖母去世，他从北京到徐州，与父亲一同回扬州奔丧，丧事办完后，又和父亲同车北上，到蒲口分手。这期间就有许多事要写、要记，但他对此都只是轻轻几笔带过，而把笔力和情感凝聚在车站分手的那一幕上。这一幕上又以特写镜头突出父亲爬上爬下，给儿子买橘子的细节上。"戴着黑布小帽，穿着黑布大马褂，深青布棉袍，蹒跚地走到铁道边"，穿过铁道，爬上月台，"两手攀着上面，两脚在向上缩；他肥胖的身子向左微倾，显出努力的样子。这时我看见他的背影，我的泪很快地流下来了"。选择这样一个细节就把父亲爱子的感情，以及他当时那凄凉的心境，深刻、细致地表现了出来，不仅使"我的眼泪又来了"，读者的眼泪也来了。文章至此，与前面的叙事，才更有了分量，后面的怀念也更显出深度。作者选材之妙，令人叹服。

四

　　鲜活、明朗、委婉、绚丽而又朴素、流畅的诗的语言，是朱自清散文语言的最大特色，也是它最能吸引人、感染人的魅力所在。在五四时代的新诗作家中，朱自清是最能以现代口语抒写新诗，而无欧化或文白掺杂的毛病的，因而深受读者的欢迎。在散文创作中他也是如此。叶圣陶说过，"讲授中国文学或编写现代文学史，论到文体的完美，文字的全写口语，朱先生该是首先被提及的"。朱自清是着力以口语写散文的，像"洗手的时候，日子从盆里过去；吃饭的时候，日子从碗里过去；默默时，便从凝然的双眼前过去"这样的句子，多么流畅、明朗，多么鲜活真切的口语式语言。

他的口语又是用新文学的规范语式加以提炼改造的，或者说是文学语与口语的完美融合。像《桨声灯影里的秦淮河》里"一眼望去，疏疏的林，淡淡的月，称着蔚蓝的天，颇像荒江野渡光景；那边呢，郁葱葱的，阴森森的，又似乎藏着无边的黑暗：令人几乎不信那繁华的秦淮河了"这样的句子，通畅而又典雅，生动活泼而又凝重，既富于表现力，又便于勾画环境，渲染气氛。再如《荷塘月色》里一段写景的语言："曲曲折折的荷塘上面，弥望的是田田的叶子。叶子出水很高，像亭亭的舞女的裙。层层的叶子中间，零星地点缀着些白花，有袅娜地开着的，有羞涩地打着朵的……"这动人的意境，就是用这种生动、绚丽的语言勾勒出来的。

朱自清散文的语言不仅生动、绚丽，而且朴实、准确。《背影》里写父亲买橘子的语言显示出作者观察得细，因而写得生动、真切，用的全是极朴实、极精确的语言。一个"探"字，精确地刻画出了年老而又肥胖的人下站台时的小心、不易状；而一个"攀"字、一个"缩"字、又一个"微倾"，就更精确、真切、生动地刻画出了他上月台时的艰难情形，深深印入读者的脑中。在中国现代文学史上，无论从诗、散文、小说还是学术论文上说，朱自清都可以称得上是一位很有个性的语言大师。

朱自清的散文由于他真挚深厚的感情注入，情景交融的意境刻画，缜密精巧的艺术构思，清幽细密的语言技巧，令众多的读者爱不释手，也使得朱自清成为中国现代文学史上著名的散文家。

‖作品来源‖

《宿州教育学院学报》2005 年第 5 期。

匆匆时光，从容人生——读朱自清的《匆匆》

杨　雪

导　读

　　朱自清以"匆匆"为题来抒写时间难得而易失的感受。他对日常生活朴素平淡的书写透着浓烈的情味，潜隐着深厚的理趣。

　　从孔老夫子站在河边长叹一声"逝者如斯夫！不舍昼夜"开始，古往今来，人们都在感叹人生的短促，时光流逝的迅疾。当然，出发点和价值观各不一样，凡夫俗子为生存享乐而恨时不我与，哲人志士则因想有所作为而惜时如金。人们害怕时不待我，无数次思考如何珍惜时光，也无数次描述过时光。但很少有人能像朱自清这样，用一个小小的散文文本，沟通古今，融合物我，对比有限与无限，把这不可捉摸、不可直观的时光描绘得如此细腻真切、隽永而又深蕴理趣，让你在轻轻松松的阅读中去真真切切地感受，让你在平平常常的观感中产生强烈的震撼。

　　朱自清的《匆匆》写于1922年3月，时值五四运动落潮之际。朱自清面对令人失望的现实，心情苦闷，念旧、低徊、惋惜和惆怅之情不能自已。但朱自清毕竟是一个狷介自守、认真处世、勤奋踏实的人，虽感伤而并不颓废，虽彷徨而并不消沉。他在1922年11月7日致俞平伯的信中曾透露了自己矛盾的思绪，"极感到诱惑的力量，颓废的滋味，与现在的懊恼"，"深感时日匆匆到底可惜"，决心"丢去玄言，专崇实际"，实行"刹那主义"。俞平伯曾评论朱自清"这种意想，是把颓废主义与实际主义合拢来，形成一种有积极意味的刹那主义"，这种刹那观"在行为上却始终是积极的，肯定的，呐喊着的，挣扎着的"（《读〈毁灭〉》）。了解朱自清写作《匆匆》时的心态，有助于把握作者对光阴流逝而触发的独特审美感受。

在《匆匆》中，作者先用一系列物象呈现来比衬，且反复咏叹，传递出一种对时光流逝的无限留恋，无限伤感和深深的不安。"燕子去了，有再来的时候；杨柳枯了，有再青的时候；桃花谢了，有再开的时候。"这组物象是很美很可爱的，燕子、杨柳和桃花，是青春的使者，是活力的象征，是美丽的代名词，也是人们一年中的期盼，一年中的最爱。虽然人们常常为它们的离去而伤感，但它们毕竟是一年一度依时而来，给人们带来惊喜，带来快乐。但人生不两回，青春不长驻，日子一去不复还。作者化抽象为具象，用极为纤巧婉丽的、诗一般美丽的文辞，描摹出一组如画一样美丽的物象，造成一种意境氛围，形成一种强烈的情绪冲击，让你全身心地沉浸其中，陡然生发一种强烈的伤感，并从中领悟到一种理趣。

与此同时，有关时间的抽象的思考，作者运用描述代替议论，向读者展示一个个生动形象的画面。其中有的是用巧妙的比喻，新颖的想象，呈现出一种虚化的感觉性画面，如"过去的日子如轻烟，被微风吹散了，如薄雾，被初阳蒸融了"，"像针尖上一滴水滴在大海里"，"没有声音，也没有影子"，等等。情境很淡，但意味却很浓，饱含着无限的惋惜与惆怅。有的是借助于具体的物象，用拟人化、情趣化的描写，展示一种具体的生活实感画面，如"太阳他有脚啊，轻轻悄悄地挪移了"，"洗手的时候，日子从水盆里过去；吃饭的时候，日子从饭碗里过去；默默时，便从凝然的双眼前过去"，"伸出手遮挽时，他又从遮挽着的手边过去"，等等，作者借太阳这个可感物象，并使之人情化，把无形无影却又"逃去如飞"的时光写得可触可感。而且是追逐递进的文句铺展，从洗手—吃饭—凝眸默默—遮挽，一层比一层紧凑，一层比一层更具震撼力。在平常中不经意的时光流逝，当你意识到它的流逝而叹息伤感时，它又在这种叹息伤感中消失。轻轻巧巧的描述，却是深刻而有强度的警示。而且，在叹息中对时光流逝所感受的伤痛比平常的无意识、无感觉更能震撼人。同时，作者选择人们习以为常的生活情景来清清楚楚地展示时光流逝状态，于人们忽略的地方加倍地描写，使人于平常的亲身经历的生活情境中产生惊异之感，这就是作者的特殊本领了。

来也匆匆，去也匆匆，在这来去之间，作者感觉的是一种怎样的匆匆呢？当作者的笔锋从对时光的普遍意义的思考转向自我审视的时候，我们注意到了作者这样的述说："在默默里算着，八千多个日子已经从我手中溜去"，"我何曾留着像游丝样的痕迹呢？"没有声响，没有踪影，"只有徘徊"苦闷。据此分析，我们不难看出，朱自清所感觉的"匆匆"，不是曹操"对酒当歌，人生几何"的伤感，也不是李白的放达与自信——面对"高堂明镜悲白发，朝如青丝暮成雪"的人生，仍然坚信"天生我材必有用"，"直挂云帆济沧海"。朱自清是在对自己的人生作一种实实在在的反省和自勉，是借描述匆匆而过的时光来抒写自己彷徨苦闷的心境。年轻的朱自清和当时许许多多的青年知识分子一样，渴望光明，追求进步。在那昏乱的年代里，却无法找到正确的前进的路，他们苦闷彷徨，徘徊犹豫，但他们又不甘寂寞平庸。这种时光匆匆飞逝与自己的逡巡徘徊是多么不协调，所以作者"不禁头涔涔而泪潸潸"，极为矛盾与痛苦。当然，这种痛苦更主要的是来自于作者对人生的价值与时光的价值的更深层次的思考与理解。"我赤裸裸来到这世界，转眼间也将赤裸裸的回去罢？但不能平的，为什么偏要白白走这一遭啊？"这是一个看似平常而思之肃然的问题，作者没有回答，但答案是明确的、肯定的。朱自清深感既然"来到这世界"，就不能"白白走这一遭"，层次井然地揭示了题旨。作者珍惜寸阴的思想无疑与古人"少壮不努力，老大徒伤悲"的诗句，以及"一寸光阴一寸金，寸金难买寸光阴"的箴言的精义暗合，但朱自清"于人们忽略的地方，加倍地描写，使你于平常身历之境，也会有惊异之感"（《山野掇拾》），这一写法就使空灵而抽象的时间概念化为具体的物象，给人以真切的质感和强烈的流动感，仿佛成为人们朝夕与共的伴侣，鲜活灵动地呈现于读者面前。于是这一问，开拓了文本的新境界，使文本在美的意境层面上，更加深了理性哲思的蕴含，增加了对于人生意义、人生价值的深层思考，给读者以深刻的教益和警策。

《匆匆》全文以问题为线索，自然流畅。作者用一连串人们十分熟悉的平常事作喻，浅显明白，把珍惜时光，珍惜生命，追求光明的道理质朴自然地告诉了读者。朱自清就是凭着他对人生价值、时光价值的这样一种深刻体会和执着追求，以及他认认真真希望有所作为的人生态度，从从容容地走完充实的五十年人生道路，留下了满园桃李，留下了两百多万字的著述，留下了他宁折不弯的不朽英名！

‖作品来源‖

《大舞台》2010 年第 7 期。

《匆匆》语言艺术赏析

杨桂梅

导 读

《匆匆》是朱自清 1922 年所写的一篇散文。这篇散文的题材并不新鲜脱俗，文中也没有刻意雕琢的华词丽句，但那浓郁的诗意和深邃的哲理却使它至今仍具有强烈的艺术感染力。

作为脍炙人口的散文珍品,《匆匆》在艺术上所取得的成就是多方面的，本文拟从言语修辞的角度对作品的语言艺术作分析。

一、对比鲜明，烘托主旨

《匆匆》很注意对比的使用，作者对时光匆匆流逝的感受，就是在对比鲜明的描写中表现出来的。文章开篇便以花木的新陈代谢、燕子的去归和人的生命进行对照，这一对照不仅使作者所抒发的时日匆匆的感受有所附丽，而且还突出了时间瞬息不停、去而不返的特点。接着作者把"八千多日子""溜去"的无形无声与一日生活的可见可感进行对照，一日时光的匆匆，恰好就是八千多日子无形无声的缩写，因此，这一对照进一步道出了时光流逝的特点，使人们真真切切地感受到了时间的日复一日和来去匆匆。

《匆匆》表面上字字写时间流逝的"匆匆"，而实际上却句句都在说，"在逃去如飞的日子里"，"我"的来去匆匆。这一点明显地体现在作者把人的生命和时间的长河所进行的对比之中。作者写道："像针尖上一滴水滴在大海里，我的日子滴在时间的流里，没有声音，也没有影子。"这是比喻，也是对比。作者用针尖上的一滴水滴在大海里的无声无息、无影无踪，来比喻人的生命和时间长流的差距之大。相对于无垠的时间长流，人的生命的流不也如针尖上的一滴水那样渺小和微不足道吗？难怪作者由时光匆匆想到自己生命的匆匆时，表现出汗流不止、泪流不止的痛楚。作为一个朴实诚恳、狷介自守、积极求索的知识分子，反思自己所倥偬的时日，又怎能不愧悔自责呢？在联想对比中，在反思内省中，作者用"我赤裸裸地来到这世界，转眼间也将赤裸裸的回去罢？但不能平的，为什么偏要白白走一这遭"的感慨之词，倾吐了他不愿虚度此生的心愿。由此可见，对比手法的运用，有力地烘托了文章的主旨，大大增强了文章的表现力。

❀ 二、以物拟人，情趣盎然

光阴本来是无情无形的，但在《匆匆》里，作者以拟人手法，把光阴的象征——太阳，写得有情有形，活灵活现，充分显示了他丰富的艺术想象力和精湛的修辞技巧。你看，他是这样描写一天中时间的飞逝的：

> 早上我起来的时候，小屋里射进两三方斜斜的太阳。太阳他有脚啊，轻轻悄悄地挪移了；我也茫茫地跟着旋转。于是——洗手的时候，日子从水盆里过去；吃饭的时候，日子从饭碗里过去；默默时，便从凝然的双眼前过去。我觉察他去的匆匆了，伸出手遮挽时，他又从遮挽着的手边过去。天黑时，我躺在床上，他便伶伶俐俐地从我身上跨过，从我脚边飞去了。

这段描写极其生动、细腻。在作者神奇的笔下，时光这个无声无息难以捕捉的抽象意象，完全人格了，简直就像是一个与人朝夕相随、充满青春活力的少年。他步履轻盈地从你的"水盆里""饭碗里"和"手边"过去，从你的"身上跨过""脚边飞去""叹息里闪过"。他来去是这样的轻悄匆忙，好像一点也不领你的挽留之情。把无影无踪无情的光阴，写得这样行踪毕现，充满人情，其运笔之妙，不能不令人拍案称奇。

寄情于事、融情入理是《匆匆》艺术表现上的一个特点。拿这段描写一日时光飞逝的文字来说，作者就是把自己对时日匆匆的惋惜之情和要珍惜时间，就必须从每天做起的道理，都融注在了对太阳形象的具体描绘上。作者赋予"有脚"的太阳以种种人的动作，让你从他那挪移—跨过—飞去—闪过的足迹中，寻觅到时光匆匆流逝的踪迹，从而悟出时间稍纵即逝，失不再来的生活哲理。那神采飞扬的言辞中，洋溢着浓郁的情味，也蕴含着丰富的理趣，而这种情、理、事交融一体的优美意境，也融入了读者的审美趣味，使读者既享受了一种情味醇浓的想象的美，又受到了一定的思想启迪。

三、启人思索，深化主题

《匆匆》篇幅很短，只有六百来字，但就在这样短小的篇幅里，作者竟用了十多个发问句，足见作者在构思上的匠心。这些发问句在文章结构中的作用，可归纳如下：

1.启人思索，引人入胜。文章开头作者就制造了一个牵动读者心弦的意念："我们的日子为什么一去不复返呢？"这是用设问的方式开门切题，把事物的矛盾首先展现在你面前，然后逼着你随着他的思绪一起思考人生价值的严肃问题。"是有人偷了他们罢：那是谁？又藏在何处？""是他们自己逃走了罢：现在又到了哪里？"这一连串简短、轻巧的发问，看似作者对时间认识的蒙昧，而实际上是在提醒你的注意，引发你的思考。作者是让你在思考中得出时间不可能被偷走，也不可能自己逃走的答案，懂得你是时间的主人，你应该把握好时间的道理。时间去而不返，对于人来说，问题的关键在于逝去的时间是否有价值，作者正是基于对时间的这种客观而又现实的理解，才进一步发问，"我能做些什么呢"？"我留着些什么痕迹呢"？"我何曾留着像游丝样的痕迹呢"？这一个接一个的问题，扣人心弦，引人入胜，而在对这些问题的思考中，作者的情思与读者的思绪发生了强烈的共鸣，"情"与"理"自然融合的优美意境在这共鸣之中也展示出来了。

2.展露作者心绪，深化文章主题。《匆匆》写于1922年，正是五四运动高潮过后，新的革命高潮尚未到来，作者满怀苦闷寻觅出路的关键年头。这时，他虽痛恨现实的黑暗，却看不到光明的前景，虽不忘天下民众，却找不到报国济民的道路，这种"看不清现在,摸不清将来"(《转眼》)的痛苦，使他感到无限的空虚和惆怅。但他不愿颓废沉沦，不愿虚度年华，而要执着现实，执着人生。《匆匆》抒写的就是作者这种虽彷徨而仍思有所作为的心境。不断地设问和反问，正是诗人当时心潮起伏激荡的表现。作者开头触景感怀，以"我们的日子为什么一去不复返"的疑问，引出了他对时光匆匆流逝的无限感慨。而"不禁头涔涔而泪潸潸"的痛楚、"掩着面叹息"的伤感和"只有徘徊""只有匆匆"的空虚，则进一步展露了他内心世界的矛盾和痛苦。"我能做些什么"这一反问句式，就是作者矛盾痛苦情绪的淋漓尽致的抒发。但作者"不堪这个空虚"(《朱自清先生年谱》)，不甘颓废下去，而决定"转向"(《朱自清先生年谱》)。文章的结尾处写道："我赤裸裸地来到这世界，转眼间也将赤裸裸的回去罢？但不能平的，为什么偏要白白走这一遭啊？"这勇敢的自白和激烈的责问，是整篇文章脉络里最闪光的精华。它表明作者的思想已由茫然若失的惋惜和惆怅，进入到不甘忧伤苦闷的积极求索；由慨叹光阴的易逝，升华为对现实人生的反思。可见，设问和反问句式的大量运用，既是作者矛盾痛苦情绪的宣泄，也是作者彷徨而执着的思想波澜的反映。

3. 使首尾呼应，结构严谨。《匆匆》共有五个自然段，可分为三部分。第一部分即第一自然段，作者在首段发出了"我们的日子为什么一去不复返"的疑问,这饱含哲理的疑问,不仅撼人心灵,启人思索,同时也点明题意,引起下文。文章的第二部分即第二、三、四自然段。在这一部分里,作者用"去来的中间，又怎样地匆匆"这一疑问句承上启下，接着就生动形象地描绘了时光匆匆流逝的踪迹，细腻地抒写了自己在匆匆逝去的时光面前惋惜与悔恨、怅惘与追求的复杂心情。应该说，行文至此就作结也未尝不可，但作者激烈起伏的感情还未能平息，他又在文章的第三部分，也是全文的结尾重复开篇所提出的问题，以"我们的日子为什么一去不复返"再一次点题，这样不仅使首尾呼应，使全篇结构缜密，一气呵成，而且还使文章韵味悠然，愈加发人深思。

通过以上分析可以看出，《匆匆》是以发问句为纽带连结全篇的。通过不断地设问和反问，步步深入地展露作者的思绪，深化文章的主题。同时，不断地设问和反问，还引起文章的波澜，启发读者的思考，从而使作品的现实意义得到加强。吟读《匆匆》，不能不为作者这种独具匠心的艺术构思所折服。

四、朴素无华，平实自然

朱自清散文的风采才华，是以朴素的风格来体现的。这一创作个性在语言的运用上表现得尤其明显。朱自清一向追求"谈话风"的语言境界。他认为文学只有像"寻常谈话一般，读了才能亲切有味"。因此，在创作里他大量采用日常用语，娓娓动听地进行叙事说理，绘态传情，使人读着犹如和作者促膝谈心，感到亲切自然。《匆匆》是体现他口语化语言风格的一篇佳作，它朴实无华、平实自然的特色主要表现在以下三方面：一是大量吸收口语语汇。张永言先生说："就汉语而论，口语词汇多半是单音节词，而跟它们相当的书语词汇则是双音节词……在风格上双音节词'文'一些，单音节词'白'一些。"（《词汇学简论》）《匆匆》中单音节词占词汇总量的百分之七十五左右。像"枯""青""谢""开""偷""逃""藏""算""溜""洗""等""飞""有""滴""留"等，就都是日常口语常见的单音节动词。人称代词"我"、时态助词"了"和疑问语气词"呢"在文中出现频率比较高，"我"出现了十五次，"了"出现了十二次，"呢"出现了九次，而这三个词都是口语韵味特别浓的单音节词。此外，诸如"日子""转眼间""偏要""白白""这一遭"等词汇，也都是些来自平常人口语的普普通通的字眼。大量吸收口语语汇，是造成《匆匆》这篇散文平白如话、通俗平易的一个主要原因。二是灵活地采用口语句法。不论是整齐匀称的排比句，还是自由洒脱的散句，作者都按照口语的格调加以安排。拿第一段来说，开头虽然是一组排比句，但也是用通常说话的口气组织起来的。作者把来自口语的词汇重新进行调遣，在动词"去""枯""谢""开"的后面加表示时态的助词"了"，在动词"来""去""开"的前面加表示重复的副词"再"，构成"去了""再来""枯了""再青""谢了""再开"，这样简洁干净、利落流畅的口语格调，从而使"燕子去了，有再来的时候；杨柳枯了，有再青的时候；桃花谢了，有再开的时候"这组排比句于整齐匀称之外，还有朴质自然的一面。接下来是一连串疑问句："聪明的，你告诉我，我们的日子为什么一去不复返呢？——是有人偷了他们罢：那是谁？又藏在何处？是他们自己逃走了罢：现在又到了哪里？"这些疑问句简短、活泼、有力，其口语句法的特征就更为明显。三是大量运用叠字、叠词。叠字、叠词的运用，是我国口语的一个特点。朱自清先生在《匆匆》里竟用了十多种叠字、叠词。这些叠字、叠词，有的描写动作，如"匆匆""默默"；有的形容情貌和状态，如"斜斜""渐渐""轻轻悄悄""茫茫""伶伶俐俐""涔涔""潸潸""（赤）裸裸"等。这些音节的重叠和反复，不仅造成了《匆匆》音律的和谐之美，而且还增强了文章的感情色彩，增加了语言活泼自然的韵味。

在生活中，人们常常会感到时间流逝之快，也常常因为没有很好地利用时间而追悔莫及。在《匆匆》里，朱自清就是以这个人人都有切身感受的问题作为"谈话"契机的。他在首段开门见山提出谈话的中心问题——"我们的日子为什么一去不复返"，然后就把人们带进了一个由作者设计、有作者和读者共同参加的对时间问题的探讨之中。全篇文章不是泛泛地、抽象地谈时间如何宝贵，我们应该怎样珍惜时间的大道理，而是通过作者本人对往昔岁月的回顾，通过他个人的懊悔自责，来激发人们热爱生活，珍惜寸阴的感情。也可以说，朱自清是以他发自内心的真情实意来引起读者的感情共鸣的。人们吟读这篇散文，就会觉得作者仿佛坐在自己的面前，时而惆怅叹息，时而温文尔雅，时而感情激越地同自己进行着生动而有意义的谈话。而读者这种自自然然的感觉，正是得力于作者所创造的语言境界的朴实无华。

‖作品来源‖

《北方论丛》1997年第2期。

从《荷塘月色》探析朱自清写景散文的诗化特色

王雁群

导　读

朱自清的写景散文"诗中有画，画中有诗"，具有浓郁的诗化韵味。在感情抒发、意境构建、语言表达等方面具有独特鲜明的美文艺术风格，为中国现代散文增添了瑰丽的色彩。《荷塘月色》是朱自清写景散文代表作之一，无论是自然景物的描写，还是意境氛围的渲染和语言的运用都是写景散文作品之中的一篇上乘之作，较为典型地体现了他的写景散文创作的诗化风格。

朱自清，原籍浙江绍兴，后随父定居扬州，是中国现代著名散文家、诗人。他的散文形式多样，语言清丽朴素，形象生动，意境优美，情感真挚。在现代文学史中占有重要地位，闪烁着独特的光芒。

朱自清最初是以诗人的姿态步入现代文坛的，早期的成熟的诗歌创作、古城扬州的绮丽风光以及浓郁的崇尚文化风气的熏陶，对他后来的抒情散文创作产生了直接的影响，使他的散文自然又不失诗人本色。在朱自清的全部散文中，最为人们称道的是写景抒情的篇章，凝练明净、细腻秀丽、构思精美缜密，营造出情景交融的艺术境界。郁达夫称赞他的散文"贮满着那一种诗意"。《荷塘月色》是朱自清写景散文的代表作品之一，无论是自然景物的描写，还是意境氛围的渲染和语言的运用都是散文作品之中的一篇上乘之作，《荷塘月色》形式上虽是散文，但作者淡化了时间、突出了空间，将诗歌的写法渗透在散文创作之中，文中处处展现着诗画之美，为我们品读与分析朱自清散文的诗化特色提供了经典的素材。

在朱自清的写景散文中，最大的特点就是"真"。写自己所见、所闻、所思、所想，注意书写自己的真切感受。因此，他常采用第一人称的叙述角度，自然而然地带有一种特殊的亲切感和真实感。

第一人称叙述，是写作者站在说话人的角度，在文章中以第一人称代词"我"或"我们"的口吻来叙述。这种叙述方式，真实而有感染力，易于产生共鸣，拉近读者与作者的心理距离，增强作品的抒情性和表达效果。在《荷塘月色》一文中，朱自清以"我"的角度描写了作者在一个夏夜独自到荷塘赏月的情景，因使用的是第一人称，写的都是作者的眼中景、心中情，可充分展现作者的内心世界，更具真实感。阅读时，连读者也变成了文章中的"我"，文章情境显得更为真切。作者与叙事人，人物重合，叙事、议论灵活自由，进退自如。透过细致的景物描写，生动真实地再现了特定环境下的特定景物，让作者向往自由宁静的生活以及自然美，在黑暗现实中寻求暂时的超脱、安宁而终不可得的真实的内心感受有了可靠的依托。这种毫不矫饰地表露自己的真情实感的抒情手法与诗歌常用的直抒胸臆一脉相承，深深地吸引和打动着读者，组成了人们百读不厌的美文。

着力于意境的构建，是朱自清写景散文另一个重要的特征。意境本为诗的要素，同时也是东方艺术诗意美的灵魂。朱自清以此融入写景散文创作中，使作品具有诗一般的意境。所谓"意"是指诗人的思想与情感;"境"是指用以表现诗人思想感情的具体形象与环境，即把情感客观化、对象化。意境的建构需要意与境两方面的结合，建构的途径很多，情景交融就是其中的重要手段之一。这就要求作家的主观情感和客观物境的高度相互统一与交融，正所谓"景无情不发，情无景不生"，这句话道出了意境这一诗学的真谛。

朱自清的《荷塘月色》作于1927年。这篇作品借月色掩映下的荷塘景色，反映作者自己体味的"独处的妙处"，追求刹那间的宁静以求摆脱现实烦恼。

作者在文中将"意"与"境"紧密结合起来，构建出情景交融的意境。月色是荷塘里的月色，荷塘是月光下的荷塘，种种景物的色彩是多样的，情态也各不相同，其中动静、虚实、浓淡、疏密，是画意的设置，也是诗情的安排,这就不仅使画面色彩均匀悦目,富有立体感,而且透出一股神韵,蕴含着一种浓郁的诗意。淡淡的月光、薄薄的青雾、像牛乳中洗过了似的花叶、隐隐约约的远山、斑驳稀疏的树影、淡淡的云、微微的风、缕缕清香,这些都是轻淡的;"蛙声""蝉声"的衬托,"酣眠""小睡"的比喻,情态交融在一个"淡"字上。声、光、影、色、香都是轻淡的,共同形成静美淡雅的韵味,如烟一般轻、梦一般美的荷塘月色,则浸透着作家淡淡的哀愁与淡淡的喜悦。幽静的小路、亭亭玉立的荷叶、袅娜开放的荷花、飘香的荷塘、脉脉的流水、不能朗照的月光同作家意欲摆脱人世间烦恼而偷得片刻逍遥的情怀融洽无间,交织成一曲和谐的旋律,令人自然而然地想象出作者在描绘这一切时的深情、诗意的目光和欣赏、陶醉的感情。在朱自清的散文里,借助景物衬托、抒发心中的思绪,又赋予了景物生命的性格和情感,和谐地创造出使人沉醉的意境,深邃幽远,使作品有了诗的韵味。

朱自清的语言艺术是最为人称道的。他对语言是十分讲究的,注重语言本身的精致、准确和神韵,具有很强的语言驾驭能力。他的写景散文,语言凝练明净、细腻秀丽,巧妙运用比喻、叠字、通感等手法,以精雕细刻的工夫,准确、具体地表现出了描写对象的特点,追求逼真的艺术效果。

在《荷塘月色》一文中,运用比喻的修辞手段可谓琳琅满目、比比皆是,使语言生动形象至极。"月光如流水一般,静静地泻在这一片叶子和花上",作者将月光比作流水,写出了月辉照耀、一泻无余。"叶子与花也有一丝的颤动……这便宛然有了一道凝碧的波痕",写出微风过处叶花颤动的情状,既有视觉形象,又有听觉形象,动静结合,形象地传达出荷塘富有生气的风姿,创造出了清幽恬静的氛围。月色下的荷花"正如一粒粒的明珠,又如碧天里的星星,又如刚出浴的美人",博喻的运用,使句式整齐,气势贯通,给人以美的享受。而通感这种常人难以使用的修辞手段,在朱自清笔下也是运用娴熟,产生出一种耐人寻味的美感:"微风过处,送来缕缕清香,仿佛远处高楼上渺茫的歌声似的。"是以听觉来沟通嗅觉方面的感受,用渺茫的歌声描绘出"清香"似有似无的缥缈感觉,多方调动读者的各种感官。给读者以丰富的联想和想象,使人感受如浴荷塘月色之中,进入诗一般的美境。

朱自清的散文语言还富有音乐美。他特别偏爱运用叠字叠词来深化物态情貌的形象感。《荷塘月色》全文不到1500字，32处用叠字叠词，第四自然段的叠字词达9处之多，"蓊蓊郁郁""远远近近""高高低低"的绿树，"隐隐约约"的远山，"曲曲折折"的荷塘，"亭亭玉立"的荷花，"缕缕"的清香，"静静"的花叶，"薄薄"的青雾等都是作者力求"音美以感耳"的具体表现。叠字叠词的使用加强了语意，舒展了文气，使文章行文从容不迫，节奏明朗、流畅，音韵和谐，与作者缓慢柔和的抒情语调相吻合，令人赏心悦目、心旷神怡，充满诗情画意。

在文章中，自然贴切地引用古典诗文，能够使文章内涵意蕴深长，语言上增加诗意，具有浑然天成之美。朱自清在运用古典诗文时，仿佛信手拈来，毫无斧凿之感。看《荷塘月色》中下面两段：

梁元帝《采莲赋》里说得好：

"于是妖童媛女，荡舟心许；鹢首徐回，兼传羽杯；櫂将移而藻挂，船欲动而萍开。尔其纤腰束素，迁延顾步；夏始春余，叶嫩花初，恐沾裳而浅笑，畏倾船而敛裾。"

《西洲曲》里的句子：

"采莲南塘秋，莲花过人头；低头弄莲子，莲子清如水。"

从文章的构思角度看，引用《采莲赋》和《西洲曲》是文章的结尾部分，不仅把文章的"神——情感，也就是不宁静的心情，无法解脱的愁绪"抓得牢牢的，充分体现了散文形散神聚的结构特点，而且与开头所写的作者的内心情感起着呼应的作用，在结构上给读者以美的感受。在写景的手法上，写完荷塘月色以后，作者掉转笔端，由空间转向时间，溯历史长河而上，出其不意地把人们带入了六朝采莲的风流季节，带到了古代"妖童媛女"荡舟采莲的境界，通过"我"对"热闹"的采莲情景的向往和无福"消受"的惋惜之情，把古代江南生活的自由美好淋漓尽致地展现在读者面前，与现实的黑暗形成鲜明对比，作者内心的矛盾和冲突才凸显得更清晰。写景从今到古、从北到南，手法富于变化，不仅有利于读者在阅读中产生联想或共鸣，使文章波澜起伏，而且字里行间渗透着古韵和典雅的色彩，具有浓郁的诗情画意，充分表现了作者高超的语言技巧和深厚的文化底蕴。

《荷塘月色》是朱自清最有韵味的写景散文作品之一。作者在文中着意创造一个诗意盎然、情景交融的境界，作品中满贮诗意的是风采绮丽的荷塘月色。无论是情景交融的意境还是生动绝妙的语言艺术，处处流淌着诗画之美，较为典型地体现了他的写景散文创作的诗化特色。因此，通过对作品的赏析，不求能达到十足的境界，但我们可以从中领略到朱自清写景散文的艺术风格与魅力：融情于景、借景抒情，创造情景浑然一体的自然和谐、诗情画意的艺术境界。真挚的情感、高超的语言技巧、严谨精巧的构思使文章呈现着清丽、隽永的诗意美，这种运用诗化的笔触抒写自然与生活，抒发内心的真挚情感，使散文具有诗化的风格特征，显示出独特的艺术风貌和审美情趣，具有极高的艺术价值。

‖作品来源‖

《文教资料》2015 年第 12 期。

第五章

传统之美 · 作品文化意味

试论朱自清散文的民族艺术方法

于莉萍

导　读

在"五四"以来的散文中，朱自清散文的民族文学艺术风格是比较突出的。朱自清从小受着传统的文化教育，后来又长期研究中国文学、传授中国文学，因此，文学的民族传统深化于他的血液中。

诚如李广田所说："在当时的作家中，有的从旧阵营中来，往往有陈腐气；有的从外国来，往往有太多的洋气，尤其是往往带来了西欧世纪末的颓丧气息。朱先生则不然，他的作品一开始就建立了一种纯正朴实的新鲜作风。"[1] 文学的民族艺术风格涉及的内容很多，这里不可能全面论述，只谈几点读朱自清散文的肤浅感受。

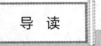 古典诗歌技法的合理移植

朱自清对中国古典诗词非常熟悉，创作散文时能信手拈来，镶于其中，不仅成为描景绘物的有机组成部分，而且充满了浓郁的民族风味。他的很多作品都恰到好处地引用了古典诗词。例如在《松堂游记》中将姗姗来迟而又被云半遮的月色，喻为害羞的"乡下姑娘"，朱自清意犹未尽地顺笔嵌入白居易《琵琶行》中的诗句"千呼万唤始出来，犹抱琵琶半遮面"，不仅使害羞的"乡下姑娘"形象化，而且散发着传统的民族气息。像这样的例子

---

[1] 李广田:《朱自清先生的道路》，北京师范大学出版社，1981 年。

还有很多。在笔者看来，朱自清的散文不是单纯地引用古典诗词，而是驾轻就熟地合理地移植古典诗词技法。诗画一律，诗与文也是同律的。朱自清在散文创作实践中，运用诗画的表现方法和技巧，有意打破诗文的界限，使散文走向诗（如《匆匆》《春》等），但这的确是朱自清散文学习民族艺术方法的一个鲜明特征。

　　意境是诗歌艺术的表现形态，是我国诗论、画论常用的概念。意，即作者的思想感情；境，指的是作者所描绘的客观事物。具体说来，就是作家主观的"情"与客观的"境"（景）高度融合创造出来的、美妙和谐的艺术境界，是物与我、景与情的浑然一体。唐代诗人王昌龄提出"诗有三境"，清人王国维说"词以境界为最上"，现代作家林纾也说"意境者，文之母也"[1]。也说明意境在作品中的重要性。朱自清散文之所以优美动人魅力常在，其中一个原因，就是在创作中刻意追求和创造出内涵丰富的独特意境。需要说明的是，意境创造有多种因素，麦石安在《论朱自清散文的意境创造》一文中，从结构、描述和语言运用等方面论证了朱自清散文的意境创造。[2]笔者只从"景"与"情"，"形"与"神"两方面简单谈谈朱自清散文的意境创造。

（一）"景"与"情"

　　王国维云"一切景语皆情语"。古代诗歌讲究"情景交融"或"以景结情""托物言情""移情于景"，说明了"景"与"情"的重要关系。可以这样说，没有哪一首诗歌、哪一篇散文是单纯为写景而写景的，而是或明或暗、或隐或现地隐藏着作家关注社会人生的主观感情。即"以我观物，故物皆著我之色彩"，"登山则情满于山，观海则情溢于海"。同样，朱自清散文的"景语"也交织着"情语"，充满了艺术魅力。《荷塘月色》描写的是"淡淡的云"，"微微的风"，"脉脉的流水"，"隐隐约约的远山"，"缕缕的清香"的荷花，表达在苦闷、彷徨中追求"恬淡闲适"的意境。《桨

---

[1]　傅德岷:《散文艺术论》，重庆出版社，1988年。

[2]　麦石安:《论朱自清散文的意境创造》,《中山大学学报》1996年第5期。

声灯影里的秦淮河》同样有"景语"与"情语"的充分表露。作者与友人泛舟"十里秦淮",面对画舫灯影、珠帘绵帐、美歌丝竹和桨声歌妓编织的美景,尽情抒发对金陵文化的怀古幽情,以及觉醒了的知识分子面对现实而引起的感伤、苦闷和挣扎的思想感情。在委婉清丽的文字里,满载了"晃荡的蔷薇色的历史的秦淮河的滋味"的独特意境。情因景生,情景交融,读来格外令人陶醉。同时,朱自清善于对日常生活中的"物"进行描写,在典型化的物中蕴含着无限情感,让无言的"物"倾吐万言千语。物"象"是有限的,但"象"外的"意"是无限的。"背影"是常见的、无言而有限的物象,但在朱自清看来,却是父亲一生跋涉与艰辛命运的写照,是旧社会小知识分子贫寒困顿、流离挣扎的人生缩影,因而才创造出"艰难困顿而仍然努力挣扎"的意境。

（二）"形"与"神"

朱自清散文注重对事物"形"的刻画,更善于对"神"的表现。景物描写重"形似",求"神似",力求做到形神的和谐统一。朱自清特意考察过古典诗文与绘画的关系,他说:"传统的诗文里写景的地方并不很多,小说戏剧里尤其如此,写景而有境界的更少,因此王维的'诗中有画'才见得难能可贵,模仿起来不容易。"在朱自清看来,散文中追求画的境界,要从"形似"求"神似","以形为本","不求'形似',当然就无所谓'逼真'。"[1]绘画讲究"气韵生动"。"气韵"就是作者追求的"意",作家融入的且要表现的精神;"生动"就是作家勾画的"形",作家刻意勾画的逼真的"物"。前文已述,朱自清的散文通过绘画求得意境,有工笔和简笔的描写,有动静的描写,有虚实的描写,也通过语言的"线条"和语言色彩来表现,等等。这里要强调的是,朱自清常常把自己的敏感与内心体验,变成诗与画。早期的写景作文固然如此,中期的《欧游杂记》《伦敦杂记》两本游记,以诗人的笔致和画家的技巧,描绘出了山水画、风景画和风情画。如"威尼斯的夜曲是很著名的……音乐节奏紧密,声情热烈,想来是最流行的'爵

[1] 朱自清:《论"逼真"与"绘画"》,开明书店,1953年。

士乐'。在微微摇摆的红绿灯球底下，颤着酽酽的歌喉，运河上一片朦胧的夜也似乎透出玫瑰红的样子"。威尼斯的夜曲、音乐只能听得，朱自清以文字的绘画把它勾勒出来，使有声的音乐变成无声的绘画，作家陶醉于音乐的诗情也隐含于画笔之中。写景与表情，绘形与传神，达到了一种诗情画意的美，威尼斯的夜曲带有几分朦胧与含蓄。在这里，我们可以看到，无论是写景创造意境还是绘画造意，都能表达丰富而深邃的内容，引起读者广泛的艺术联想，把读者引进作品创造的意境中去，给读者以无穷的想象空间，从而得到一种艺术的审美感受。

古典散文技法的借鉴融合

朱自清在《山野掇拾》中说："柳子厚的山水诸记，也常常引我入胜……郦道元《水经注》所记的奇山异水，或令我惊心动魄，或让我游目骋怀。"同时朱自清还很赞赏韩愈《杂说》的"理趣"美。这说明朱自清的散文创作，深受我国古代散文的影响。鲁迅曾经指出20世纪30年代初期散文创作的情形："现在的趋势，却在特别提倡和旧文章相合之点，雍容，漂亮，缜密。"[1]朱自清散文借鉴融合了古代散文的技法，注重"和旧文章相合之点"，继承着韩、柳、欧、苏的"文法"。第一，批判地继承古代散文"文以载道"的传统，在思想上批判封建"道统"的同时，提出意在表现自己的新的主张。第二，朱自清写游记的散文，寓情、寓意于景物描写之中，描写生动，细致入微，与柳宗元的《永州八记》同出一辙。"潭中鱼可百许头，皆若空游无所依；日光下澈，影布石上，佁然不动；俶尔远逝，往来翕忽，似与游者相乐。"水的清澈，鱼的活动，光的投影，人和鱼的娱悦写得逼真、惟妙惟肖。柳宗元的细致观察、"景语"与"情语"结合、动静的再现等艺术特色，都能在朱自清的散文中找到例证。朱自清借鉴融合了柳宗元写景记游的艺术特色。第三，在叙述方式上，既继承传统散文的叙述、描写、议论、抒情紧密结合的特点，又试图打破这一叙述模式。《冬天》里是互

---

[1]　鲁迅:《鲁迅全集》，人民文学出版社，1982年。

不关联的三个"冬天"生活片断的奇特组合，前两个片断的"父之怜""友之谊"，铺垫渲染着第三个冬天的"妻之爱"。《春》描写春天的春草、春花、春风、春雨等多幅画面，抒发春是"刚落地的娃娃"、"春天像小姑娘"、"春天像健壮的青年"的欢快之情。这里作者以诗情的跳跃和情感的连接，打破了时间、空间的连续性，突出抒情表达方式，突出个人情感，从而打破了传统的叙述模式。第四，在结构技巧上寻求与古代散文的"相合之点"。文眼的安设、线索的贯穿、章法的"断"与"续"，整合着古代散文的结构技巧。欧阳修的《醉翁亭记》、苏轼的《喜雨亭记》分别以一个"醉"和一个"喜"来结构全篇，与《荷塘月色》中"这几天心理颇不宁静"的文眼有异曲同工之妙。《冬天》《南京》结构的"明断""暗续"，正是刘熙载的"章法不难于续而难于断"的最好说明。此外，像反与正、藏与露、虚与实、动与静、抑与扬、平与奇、张与弛这些艺术技巧，是书、画、诗、文、音乐、建筑等古典艺术惯用的方法，朱自清都能自觉地运用到散文创作中来，体现在立意、构思、结构、意境、人物描写等方面。像《白种人——上帝的骄子！》，文中先写小西洋人的"可爱"与美，然后写他对作者的侮辱及丑，先扬后抑，平中出奇，抒发对外国侵略者的义愤和爱国主义思想。《荷塘月色》中"荷塘的月色""月色的荷塘"是实写，中间的一些议论与抒情的句子，像"我也超出了平常的自己……便觉得是个自由的人……"是虚写。以虚衬实，以实写虚，同时作者的思想感情虚中有露，实中有藏。朱自清熟练运用中国艺术技法，使他的散文结构"缜密""漂亮"。当然，朱自清散文受古代散文技法的影响是多方面的，限于篇幅，不一一列举。

❀ 民族语言的继承与创新

朱自清散文语言具有情真意切的诗情美，清新自然的朴素美，色彩鲜明的绘画美，节奏和谐的音乐美。优美隽永的语言，是其散文成为"美文"的重要原因。"我就注意到语言文字的达意和表情的作用"，"我们说达意，指的是字面或话面；说表情，指的是字里行间或话里有话"[1]。朱自清十分注重语言风格有两个很重要的原因：其一是向古典文学学习活的词汇及修辞手法；其二是提炼群众口头语言的精华，注重创新。

（一）继承

第一，叠字。叠字是中国古典诗词中常用的修辞手段。李清照的《声声慢》开篇有七组叠字："寻寻觅觅，冷冷清清，凄凄惨惨戚戚。"立刻把读者带进孤寂愁惨的艺术境界。刘勰曾分析过，诗人使用叠字，是因为"流连万象之际，沈吟视之区，写气图貌，既随物宛转，属采附声，亦与心而徘徊"，以达到"以少总多，情貌无遗"的目的。显然，叠字之功能，一是充分地抒情状物，二是增加文字音乐美。朱自清在散文中也较多地运用叠字，《小舱中的现代》一文用了三组叠字，写了船舱中小贩们的拥挤。"拥拥挤挤堆堆叠叠间，只剩了尺来宽的道儿"就是很好的说明。第二，炼字。"吟安一个字，捻断数根须。"说明古代诗人十分注重炼字。"一字师""一字而活全诗"是古代诗词创作中的佳话。朱自清的散文也很注重文字的锤炼，如他对灯彩倒影的描写："从两重玻璃里映出那辐射着的黄黄的散光，反晕了一片朦胧的烟雾；透过这烟，在黯黯的水波里，又逗起缕缕的明漪。"（《桨声灯影里的秦淮河》）一个"晕"字，一个"逗"字，化静为动，传神地描摹出映在水里的景象。第三，通感。古代文人常用这种修辞手段来加强描写的效果。宋代宋祁的名句："绿杨烟外晓云轻，红杏枝头春意闹。"一个"闹"字，化视觉为听觉。朱自清运用通感这一手法，使读者对描写的事物有多方面的感受。"微风过去，送来缕缕清香，仿佛远处高楼上渺茫的歌声似的。"（《荷塘月色》）化嗅觉为听觉。"微笑是半开的花朵，里面洋溢着诗与画与无声的音乐。"（《女人》）化视觉为听觉。以上三点，是朱自清向古典文学学习活的词汇及修辞手法的一个侧面。

---

[1] 朱自清：《朱自清文集》，开明书店，1953年。

（二）创新

朱自清吸收活的口语语汇，采用口语、句式来创新活的语言；用比喻、夸张、通感的修辞手法创造新鲜的语言。他的散文之通俗化、雅俗共赏、谈话风格就是其语言创新的结果。朱自清向古代诗歌学习技法，向古代散文学习技法，向民族文学和人民群众学习语言。总之，朱自清的散文继承了传统的艺术表现形式和表现手法，建树了他散文的中国作风和中国气派。正像他所说的那样："我要一步步踏在泥土上，打上深深的脚印！"是的，朱自清坚实地踩在祖国传统文化的土地上，他散文的艺术风格被深深地打上了民族文化的烙印。

必须指出，朱自清散文"纯正朴实"的艺术风格，正是'五四'以后我国白话散文崭新的民族风格。不论是在散文理论还是在创作实践上，朱自清努力通过文学的民族形式来体现散文的民族特征。如在艺术构思上讲究"眼"的安设，在结构上注重线索的贯穿，运用对立统一的艺术法则，把"明断"和"暗续"统一起来，体现了漂亮缜密的结构特点。在抒情方面善于创造情景交融的艺术境界，追求"真挚美""绘画美"和"理趣美"。在语言方面对口语进行大胆的艺术锤炼，追求朴实清新、雅俗共赏的作风。朱自清的散文既表现出鲜明的民族艺术风格，又体现着深厚的民族文化意蕴。朱自清是时代的朱自清，他的创作道路是朱自清式的道路。他的散文是民族文化心理的真实写照。"中和主义"是他散文的美学原则，温柔敦厚是他散文的个性特征。

‖作品来源‖

《梧州学院学报》2007 年第 4 期。

朱自清散文的吴越文化情愫

张向丽

　　朱自清的散文以其携带着浓厚的传统文化，特别是吴越文化信息而散发着迷人的魅力。这一信息在他大部分的散文作品中有着不同程度的发散。朱自清散文的吴越文化信息主要发端于作者本人对地域文化浓厚的审美心理素质，这一心理素质的形成可能与他长期生活在江浙一带，受传统文化的影响，又有着浓厚的古典文学修养有关。

　　20世纪80年代中期以来，地域文化与文学活动的关系问题越来越引起学术界的关注，研究工作也开始向这个方向拓展。作为地域文化组成部分的吴越文化，也越来越引起研究者的重视。近年来，先后有张新、高松年等专家分别从诗歌、小说方面对文学作品中的"吴越文化"进行了较为深入的研究。[1]但对于涉及较广的现代散文中的"吴越文化"现象的研究还较鲜见。笔者认为，作为五四时期涌现出来的现代散文作家朱自清先生，在其有突出成就的散文创作实践中，始终在中西两种审美观念中，铸造自己的审美理想。他以西方文化为背景的启蒙主义、人本主义、自由生命意识以及"表现自我"的艺术精神，建立起以作家个性为本位的、破坏"文以载道"传统的新散文观念及"意在表现自己"的审美原则。从写作第一篇散文《歌声》至散文集《背影》的出版，完成了对东方审美艺术传统的自觉认同与回归，而这一"认同"与"回归"的突出表现，便是其散文创

_____

　　[1]　张新：《戴望舒诗中的吴越文化情愫》，《复旦学报》（社会科学版）1999年第3期。

作在自觉与不自觉中浸润着中华民族传统文化——吴越文化情愫，体现着朱自清审美心理素质中厚重的地域文化底蕴。

一

地域文化的基本要素是我们通常所说的"风土人情"。所谓"风土"，指的是自然环境与人文环境；"人情"是地域习俗或者说是生活方式的呈现状态。从"风土"方面来说，祖籍浙江绍兴、生于江苏东海，又自称是"扬州人"的朱自清，对于吴越地域，自然有着"得天独厚"的眷恋情结。这首先体现在他的散文名篇多以吴越地域及其文化特征为描写对象。出版于1924年的诗文合集《踪迹》，其中的散文大部分都是以吴越地域风貌为描写对象的。在《桨声灯影里的秦淮河》中，作家就将视角对准具有深厚吴越文化底蕴的秦淮河。作家在文章的开头就神往于秦淮河的历史陈迹，在涂抹着鲜明、丰富和浑厚浓郁的文化氛围中描绘灯光、水光和月光时，将自己深沉的感情灌注了进去，从而产生"空"和"静"的感觉。而在灯光、水光和月光的交织中，又很容易使人想起六代繁华的笙歌，想起在"烟笼寒水月笼沙"（杜牧：《泊秦淮》）、"十年一觉扬州梦"（杜牧：《遣怀》）和"二十四桥明月夜"的意境中活跃江南才子、佳人的翩翩身影，以及商贾云集、青楼密布的秦淮河的繁华景观。值得品味的是，同是写船，作家却用北京颐和园的船和西湖的船、扬州瘦西湖的船来进行比较，以显示秦淮河最"能引起乘客们的情韵"，同时也凸显了作家对秦淮河的特别情感，因而加强了它的独特的历史文化意蕴。作家还运用了诸如"晃荡着蔷薇色的历史的秦淮河""像梦一般""偶然闪烁着的光芒，就是梦的眼睛""绿如茵陈酒的秦淮水"等句子来表达对秦淮河历史文化梦一般的迷恋与沉醉，并用"我们的梦醒了，我们知道就要上岸了；我们心里充满了幻灭的情思"来抒发对金陵文化的怀古幽情，对吴越文化的自觉认同与回归。

《温州的踪迹》中的四篇散文，全部以吴越地域（温州）的风貌作为描写对象。其中的《绿》把瑞安仙岩梅雨潭的水写得可谓美轮美奂，空前绝后。作家这样描写瀑布下落的情景："那溅着的水花，晶莹而多芒；远望去，像一朵朵小小的白梅，微雨似的纷纷落着。""但我觉得像杨花，格外确切些。轻风起来时，点点随风飘散，那更是杨花了。"这里，作家运用诸如"白梅""微雨""杨花""轻风"等极具江南特质的意象来描写梅雨潭的水花，让我们感受到了"烟花三月"的优美意境。这又不得不说作家对吴越地域特质的热爱和稔熟。作家在运用生动形象的比喻描绘了梅雨潭潭水的"绿"的风韵之后，又用"北京什刹海拂地的绿杨""杭州虎跑寺近旁高峻而深密的'绿壁'（碧草和绿叶）""西湖的波""秦淮河的水"来反复比拟梅雨潭水的绿，这不仅加强了梅雨潭的地域意识，"其他地方的水都不如梅雨潭的水绿，妩媚动人"的结果更增添了作家对梅雨潭水"情的独钟"的感情成分。也正因为这样，作家才"第二次"到仙岩游梅雨潭，才用"我第二次到仙岩的时候，我不禁惊诧于梅雨潭的绿了"作为《绿》的开篇和结尾，因而表达了作家对仙岩、对吴越地域的深深眷恋之情。

朱自清的第一本散文集《背影》，其中有许多篇也都是以吴越地域为描写对象的。在《阿河》中，我们看到那具有鲜明的江南特征的淡蓝色的湖水和清朗的山影，看到那座倚山傍水的乡下别墅，那门前无声流过的湖水、石头小桥和它沿岸的红桃绿柳、竹篱外边小小的土路……这些深深地烙印着作家对江南自然环境的野趣和美趣的个人体验，让我们深切地感受到作家潜意识里呼之即出而又挥之不去的充满着"美"和"爱"的江南乡土情愫！

《荷塘月色》写的对象虽是北京的清华园，但全文始终贯穿着"江南"情结。描写荷塘月色之前说"我也像超出了平常的自己，到了另一个世界里"；游完之后又"忽然想起"江南采莲的旧俗；最后又说"我到底惦着江南了"。人在清华心在江南，字里行间无不透露着作家对江南文化的无限向往。

被喻为"白话美术文的模范"的传世名作《背影》，写的是生活中的一件普普通通的生活琐事：父亲在车站为远行的儿子送行。这是随处可见的生活场景，似乎与"地域"无关。但仔细研究后便不难发现：文章写的是七年前的一件小事，是父亲在南京浦口车站为自己买橘子的"背影"。如果说作家对父亲的"背影"印象笃深是在情理之中，但对当时的环境的描摹却是如此之清晰逼真，可见作家对浦口车站有着特别的情感记忆。也正因为这样，作家在文末写道："我北来后，他写了一封信给我……我读到此处，在晶莹的泪光中，又看见那肥胖的、青布棉袍、黑布马褂的背影。唉！我不知何时再能与他相见！"字里行间无不流露出对父亲的想念和对家乡的"怀乡情结"！朱自清的"怀乡情结"在他的另一本散文集《你我》中得到了更进一步的强化。其中的《冬天》就写了三个寒夜的三件事。其中的第三个冬天，写一家四口住在台州山脚下的情景：

> 外边虽老是冬天，家里却老是春天。有一回我上街去，回来的时候，楼下厨房的大方窗开着，并排地挨着她们母子三个；三张笑脸都带着天真微笑的向着我。似乎台州空空的，只有我们四人；天地空空的也只有我们四人。

由于妻子儿女之间的温情深深地感染着作家，在朱自清的感觉中，天地间唯有台州，唯有"我们四人"了。由妻儿到台州到整个世界，作家把自己对生活、对台州、对世界的热爱的情感发挥到了极致。另外的散文，从题目中就可以看出朱自清对吴越环境有着千丝万缕，难舍难分的情结：《扬州的夏日》《说扬州》《南京》……在这些散文中，朱自清已不单是从感觉上认同这一"吴越情结"，更是从理性上强化了这种难舍的吴越地域意识。这一意识在《我是扬州人》中终于得到了验证："我家跟扬州的关系，大概够得上古人说的'生于斯，死于斯'了。现在亡妻生的四个孩子都已自称为扬州人了；我比起他们更算是在扬州长成的，天然更该算是扬州人了。"从作品中散发出来的"扬州"（吴越文化）意识到生活中自称为"扬州人"，可见朱自清浓厚的吴越文化之心理素质。

二

正如上文所述，朱自清散文的吴越文化情愫，不仅仅反映在他所描写的对象具有的典型的"风土"特色——鲜明的吴越地理特征方面，更体现在作家对吴越文化个性的熟稔和绘写自如，又能够体验吴越文化的集体性格和气质对其整体散文思想的影响的文化心理素质，即"人情"方面。

在朱自清的散文中，不仅有作家亲身经历的、独具吴越地域文化色彩的人和事："小时候常跟父亲去"大船里"听谋得利洋行的唱片"（《扬州的夏日》）；借"看花"之名行捉蝴蝶，"白吃"桃子之实（《看花》）；受父母之命四次"相亲"的传奇经历（《择偶记》）；与友人乘船游秦淮河、领略秦淮河美丽风光和独特的文化景观的情景（《桨声灯影里的秦淮河》）……也有出卖小孩（《生命的价格——七毛钱》）等令人忧愤与宁波茶房耍弄旅客、克扣旅客钱财等丑陋可恶的事；更有美丽善良而又温厚软弱的吴越姑娘（《阿河》），温柔善良、充满爱心又能吃苦耐劳的良家妇女（《给亡妇》）等烙印浓厚吴越特征的人物形象。极具吴越地域特色的饮食习惯，在朱自清的散文中也并不少见。如《扬州的夏日》中"值得惦记"的小笼点心;《冬天》里装在小洋锅里热腾腾的白煮豆腐；还有《看花》中令人嘴馋却又吃不到的桃子……

对于颇具吴越地域特色的风俗描写，朱自清的散文屡有体现。如《桨声灯影里的秦淮河》中"藤的躺椅""灯彩""拱桥""七板子""歌舫""凌波的画舫"，等等，可谓占尽地利、举世无双。

朱自清特别强调文学语言的朴素自然与创新。他的散文大量地使用口语，如《背影》《给亡妇》，正如叶圣陶先生所说的："论到文体的完美，文字的全写口语，朱先生是首先被提及的。"[1] 朱自清的散文，不愧是"白话美术文的模范"。[2] 他的散文大量地运用吴越方言口语中叠字、叠词，并创造了多种多样形态的叠字、叠词，如《荷塘月色》《绿》等，从而增加了散文语言整体活泼自然、具有浓厚的吴越文化韵味。

朱自清散文的吴越文化情愫，还表现在对自然景观描写时选取最能表达江南生机盎然的自然色彩方面。如《绿》中那"醉人的绿"，《看花》那"白而晕黄"的栀子花，《阿河》里那"淡蓝的湖水"和"不尽的青山"，还有"蔷薇色"的秦淮河（《桨声灯影里的秦淮河》）……

---

[1]　叶圣陶:《朱佩弦先生》，北京师范大学出版社，1981 年。

[2]　浦江清:《朱自清先生传略》，北京师范大学出版社，1981 年。

在《绿》中，朱自清"把自己完全沉没到事物里去，并且也把事物沉没到自我里去"[1]。他这样表达对梅雨潭的绿的喜爱："我用手拍着你、抚摸着你，如同一个十二三岁的小姑娘。我又掬你入口，便是吻着她了。"作家浓厚的文化底蕴，在不经意中得到最大限度的发掘："我送你一个名字，我从此叫你'女儿绿'，好么？""女儿绿"，这个极具吴越地域文化色彩的词语，很明显，是作家仿"女儿红"造的一个新词。联想起家乡的"女儿红"，脱口而出，把她叫作"女儿绿"。这一极富诗意和文化内涵的称谓，是作家把现实的情与吴越地域的历史文化风俗的"理"交织在一起，完全凭着主观上的感觉，展开了发现与追寻梅雨潭"绿"的美学意蕴的至情至美的感叹。这一名词的诞生，体现了朱自清对吴越文化根深蒂固的认同与回归情愫。对于江南采莲的旧俗，朱自清在《荷塘月色》中是这样写的："采莲的是年少的女子，她们是荡着小船、唱着艳歌去的。采莲的人不用说很多，还有看采莲的人。那是一个热闹的季节，也是一个风流的季节。"又说："这真是有趣的事，可惜我们现在早已无福消受了。"并由眼前的情景推测采莲的可能："今晚若有采莲人，这儿的莲花也算得'过人头'了，只不见一些流水的影子，是不行的。"——我们不得不感叹于朱自清对采莲旧俗的熟悉与内行！作家在最后感叹道："这令我到底惦着江南了。"还引用梁元帝的《采莲赋》和民歌《西洲曲》中的文字表达了对采莲的情景、对江南及江南采莲旧俗的无限惦念和向往，怀古与恋乡双重情感不自觉地迸发，恐怕也是身为吴越人的朱自清浓厚的吴越文化的积淀吧。

三

朱自清的散文以其漂亮、缜密的结构形式，清新、自然的语言风格、深厚的思想内容和真挚的情感，并携带着浓郁的吴越地域文化信息，几十年来一直为广大读者所喜爱，为文坛所推崇。朱自清这一散文成就的取得，

---

[1] 朱学忠、朱雪里：《试论朱自清散文的艺术变形美》，《河南大学学报》（社会科学版）1997年第5期。

主要取决于作家良好的审美心理素质。审美心理素质的形成是一个复杂的过程。法国美学家丹纳在《艺术哲学》中有过这样的论述："要了解一件艺术品，一个艺术家，一群艺术家，必须正确地设想他们所属的时代的精神和风俗概况。"[1] 他认为，文艺是时代、种族、环境三种因素作用的结果（即"三因素说"）。[2] 根据丹纳这一美学原理，我们认为对朱自清散文艺术特色的形成，可以从作家的气质禀赋、思想情绪的变迁、文学艺术的熏陶、地理环境的滋育，以及民族文化审美心理的积淀和作家独特的生活体验等方面去考证。

对于作家本人的地域文化心理素质的形成（即环境对作家的影响），何西来认为："首先来自童年和少年的生长地，来自他的故乡、故园。那里的自然风物、乡俗人情、历史遗迹、文化传统等，以他刚能够理解这个世界的时候开始，便感染他、熏陶他，日积月累，遂形成他最初的、也是基本的地域文化心理素质。"[3] 朱自清在《我是扬州人》中对自己的身世与生活经历作了披露：祖籍浙江绍兴，出生于江苏东海，六岁时随父母搬到江苏扬州，十八岁在扬州成婚、生儿育女，后从事教育工作。二十岁以前，除在北大读书滞留北方四年，其余时间都在江浙各地度过。朱自清在扬州生活了十三年，度过了促使他审美心理素质定型的关键时期——青少年时代。就在扬州这座历史名城，古运河与扬子江脉脉汇流，沟河港汊星罗棋布，树木葱茏，水色潋滟。"日出江花红胜火，春来江水绿如蓝"，"二十四桥明月夜"，"春风十里扬州路"养成了朱自清淡泊、平和矜持的禀性。学士名儒、小商巨贾又多云集于此，形成独特的人文景观。古塔、银杏、亭台楼阁以及个园、何园、瘦西湖等胜景，都秉承了古代文学、绘画、园林、建筑的艺术精神和风格，凝聚着东方文化传统的积淀。这些感性的文化艺术，少年朱自清无疑会耳濡目染，使他在潜移默化中生成了以儒家思想为主导的审美趣味、审美情感和审美态度。另外，扬州籍"苏门四学士"之一秦少游"幽婉清艳、含蓄秀丽"的词风，"扬州八怪"郑板桥飘逸独立、

---

[1] [2] 张利群:《新编文学理论》，广西师范大学出版社，1997年。

[3] 何西来:《文学鉴赏中的地域文化因素》，《文艺研究》1999年第3期。

狂狷不群的诗、书、画和重在"表现"的风骨，都对朱自清产生过很大的影响。朱自清在后来的散文写作中毫不吝惜地将笔墨投在历史文化风俗之中，并声称"我当时觉得要怎样写，便怎样写了。我意在表现自己，尽了自己的力便行，仁智之见，是在读者"[1]，应该说与他青少年时期受到的文化熏陶是不无联系的。朱自清祖上因任官职曾多次迁徙，但一直都没有离开过江浙一带。江浙就成了朱自清更大的"家乡"，以致他在扬州居住时"对海州话还有亲热感，因为父亲扬州话里夹着不少海州口音"（《我是扬州人》）。可以说，是有着浓郁吴越文化特征的家庭和养育他的扬州文化古城指导着朱自清的审美理想，使其形成了独特的具有深厚吴越文化特征的审美心理素质。对理想人格的执着追求，也是朱自清形成中华民族传统文化，特别是吴越文化审美心理素质的重要因素。西方人类文化学家蒲鲁姆认为，理想的人格，是"能表现文化精神或精粹的人格"[2]。即指能够集中表现伦理、道德情操的美质与风范的人格意识。在古老的吴越大地上，有着诸多的仁人志士、民族英雄，他们成为朱自清追慕的对象，从早年参加五四爱国运动开始，他就刻意地把自己修炼成为一名具有爱国主义情操的知识分子；他多次参加反对镇压学生、迫害爱国人士的签名活动，并发表演讲。朱自清理想人格的最后形式，是在抗战后拒领美援面粉，最终病逝，"表现了中华民族的伟大气节"（毛泽东语）。朱自清毕生追求的中国士大夫典型的文化精神品格，是"儒文化与释文化、道文化对立互补，以儒为本，整合以伦理为本位的道德观念和以'人格内美'为理想的自审意识（吾日三省吾身）"，[3]毫无疑问，朱自清身上集合着我们民族文化精神的美质，"成为一般知识分子所最容易追随的先驱，成为一般知识分子最好的典型"[4]。他批判地继承了中国士大夫仁爱信义、中庸和平的传统风范，并始终与文化传统保持着良好的张力与磁力，在人格理想的自我实现中，表现着对儒

[1] 朱自清:《朱自清全集》（第一卷），江苏教育出版社，1996 年。

[2] 李亦园:《中国人的性格》，台湾民族研究所，1987 年。

[3] 吴周文:《诗教理想与人格理想的互融——论朱自清散文的美学风格》,《文学评论》1993 年第 3 期。

[4] 李广田:《最完整的人格》，北京出版社，1988 年。

学"中庸"哲学和对伦理道德观念的认同，这一认同表现在散文中，便是深厚的传统文化（包括吴越文化）意识。

朱自清吴越文化的审美心理素质的形成，还表现在他的生活体验方面。作为"扬州人"，朱自清一生与扬州有着千丝万缕的联系。他的终身大事（包括三次"择偶"）是在扬州完成，而且原配夫人武仲谦也是杭州籍的扬州人，所生的六个子女也都在扬州长大并也"自称扬州人"。共同的文化背景，使朱自清与武仲谦在旧式的婚姻制度下生活的十二个年头里，感情十分投合融洽，日子始终过得甜甜蜜蜜。此外，与朱自清交往甚密的好友如叶圣陶、俞平伯、周作人等也是江浙人，共同的文化、生活背景和近似的文学观念，无疑又增加了朱自清吴越文化传统的情感砝码。

"一方水土养一方人。"从以上的分析中我们可以看到，在江浙一带极具吴越文化特征的自然环境、人文景观的重染陶冶下，朱自清的散文创作散发出深厚的吴越文化情愫，也就不足为奇了。以有批判地继承地域文化和传统文化之精髓到爱家乡爱祖国，这是朱自清先生作为一代知识分子的典型和伟人所在，也是值得我们后人，尤其是知识分子学习、借鉴之处。

‖作品来源‖

《南宁师范高等专科学校学报》2001年第2期。

此曲只应天上有——浅谈朱自清写景抒情

夏 敏

本文分析了朱自清写景抒情的艺术魅力和动人之处。他主要是巧妙地运用艺术处理手段，如化虚为实、动静结合、感觉借移、主宾互衬等；善于处理情与景的关系，讲究情中景、景中情的契合；用叠字、叠词、叠句增强语言的描绘力。

古人曾云："眼前有景道不得。"写景状物做到生动逼真已属难得，而朱自清笔下的景物非但逼真，而且形神兼备，灵气十足。他把自己的灵性融入了自然，更超越了自然，他笔下的景物决非纯自然的，而是有生命、有灵性、有神采的人化自然。朱自清善于通过精确的观察，细致委婉地写出对自然景色独特的新鲜的内心感受，使"情和境"结合在一起，形成人景和谐的诗意美，自然地把读者诱入他创造的美不胜收的艺术境界里。读朱自清的写景抒情散文，似进入了一个如诗似画的境界，那人格化的太阳，诗意盎然的秦淮水，生机勃勃的春天，令人心醉的绿，素淡朦胧的荷塘月色，都无不令人赏心悦目，真乃"状难写之景如在眼前，含不尽之意见于言外"。然而在那浓郁的诗情画意里，却蕴含着作者艺术上的孤诣与苦心。

一、调动多种艺术手段

朱自清是个善调丹青的能手，他不仅能调动比喻、拟人、联想等多种手法，形象生动地表现景物的特点，而且善于巧妙地运用艺术处理手段，如虚与实、动与静、感觉借移、主宾互衬等，以增强写景的艺术魅力。

朱自清写景不但擅长于从客观事物中捕捉具体的形象，而且善于"化虚为实"，"以虚写实"，把一些抽象的事物转换成有形的物象，难写之景如在眼前，具有"捕风捉影"的艺术功力，在绘态状物上更是妙笔生花，讲究在"活"字上下功夫。在《匆匆》里，作者充分发挥自己的艺术想象力，去捕捉"匆匆"的影子。作者把太阳当作时光的象征，创造出时光的具体可感的形象。时间本是无影无踪的，但"太阳他有脚啊，轻轻悄悄地挪移了"，诗人扣住这"脚"，把时间这个空灵对象写得新鲜活泼，太阳简直像个活泼少年，来去匆匆，步履轻捷。作者借助这一动人形象，抒发了自己对时日匆匆这一瞬间的感受，使抽象转为具体，思绪化为形象。春，本是时令季节，是抽象概念，它是无形的，但在《春》里，朱自清如孩子一般天真单纯，画尽人间春色，高唱春的赞歌。他选择最能代表春天生命力的景物——春草、春花、春风、春雨等为对象，绘成了色彩缤纷的春满人间的巨幅图景，令人无限神往。作者还把春天比作"刚落地的娃娃""小姑娘""健壮的青年"，让人感到春天是生命的开始，春天秀丽迷人，有强大的生命力，形成生动的意境，激发人们憧憬未来，创造未来。这就是将无形的事物转换成有形的物象，即"化虚为实"的手法。《春》的魅力除通篇运用拟人手法外，绘态状物在"活"字上下功夫也是很突出的。如写春草，观察仔细，品味出其中独特的风味。同是春草，晴天因被初阳蒸融，是"嫩嫩的，绿绿的"，"绵软软的"，雨天由于细雨滋润之故，所以是"青得逼你的眼"。写春雨，"象牛毛，象花针，象细丝，密密地斜织着"，绘态传神地展现了春雨与众不同的景色。"绿"是颜色的概念，是难写之景，但在《绿》中，作者没有直接用各种比喻进行描摹，而是借助联想对比来诱导读者的想象力，将它与北京什刹海的绿杨、杭州虎跑寺的绿壁、西湖的波、秦淮河的水作比较，在作者的眼中，它们不是太淡就是太浓，不是太明就是太暗，都无法与明暗适度、浓淡相宜的梅雨潭的绿相媲美，从而恰到好处地捕捉住"不淡不浓不明不暗"令人心醉的绿，达到了预料不到的艺术效果，即运用了"以虚写实"的手法，借助联想的羽翼来揣摩它的难以比拟的美。

在客观世界中，静态是相对的，动态则是绝对的，往往是静中寓动，动中有静。因而在写景时，如果单纯、孤立地进行静态或动态的描写，就会使人产生一种单调、呆板、缺乏变化与生气的感觉，尤其是静物描写，能够逼真又不呆板，是需要方法和技巧的。朱自清写景向来不满足于对客观景象作静止的摹写，他说"若能将静态的变为动的，那当然更乐意"，因而非常注意采用动静相间，化静为动的手法。在《荷塘月色》里，他既写静态中的荷叶、荷花，又写微风过处的美妙景致，"像闪电般，霎时传过荷塘的那边去了，叶子本是肩并肩密密地挨着，这便宛然有了一道凝碧的波痕"。微风过处，荷波轻荡，这只在眼前一闪即逝的活泼情状，也被作者捕捉住，精细地缀入了画面。一静一动，动静结合，克服了画面的单调呆板，增加了荷塘之景的诗意美。作者还善于用表现动态的动词把静态的事物写活，"月光如流水一般，静静地泻在这一片叶子和花上"，作者凭借丰富的想象，着一个"泻"字，表现出在月光笼罩下整个荷塘的静穆美，给人以立体感和流动感，把月光点活了。野花本是静止的，《春》中的野花在作者的想象中"像眼睛，像星星，还眨呀眨的"，这样就把静的化为动的了。

作者描写景物除了表现单一的视觉形象外，还善于描写各种感觉，通过绘声绘色绘形等生动的描写，增强了描写对象的实体感。风是无形、无色、无味的，在《春》里，作者写春风拂面"像母亲的手抚摸着你"，风送芳香，"泥土的气息""青草味""花的香"，风传乐声、鸟语、水声、笛韵交相应和，从触觉、嗅觉、听觉三个角度，把春风写得形神兼备。在《绿》里，描摹那"厚积着的绿"的潭水的动态，作者借助神奇的想象，连用三个比拟句："她松松的皱缬着，像少女拖着的裙幅；她轻轻的摆弄着，像跳动的初恋的处女的心；她滑滑的明亮着，像涂了'明油'一般，有鸡蛋清那样软，那样嫩……"从视觉、感觉、触觉各个角度把一碧汪汪的潭水拟人化了。更令人惊赞不已的是作者运用了古典诗歌中常用的通感技法，使难以描摹的感觉通过另一种可感形象而具体化，这在现代散文创作中是不多见的。如《荷塘月色》中就有三处写通感的传神之笔。"微风过处，送来缕缕清香，仿佛远处高楼上渺茫的歌声似的"，荷香本是嗅觉形象，作者运用通感手法，把它巧妙地转化为听觉形象，使人们想象荷香恍如歌声那样时断时续，一阵一阵，不绝如缕。又如"叶子和花仿佛在牛乳中洗过一样；又像笼着轻纱的梦"，一个"梦"字奇特地将视觉形象转化为幻觉形象，用恍惚捉摸不住的"梦"来比荷塘上月光、雾气相混的朦胧状态，贴切新颖。又把塘中的光与影浓淡协调的景况，比作"如梵婀玲上奏着的名曲"，把无声的流动的光波，描写成动人的音乐，把视觉转化为听觉，新奇而别致。

刘熙载《艺概·诗概》中有："春之精神写不出，以草树写之；山之精神写不出，以烟霞写之。"朱自清写景，还注意主宾互衬。"荷塘"和"月色"本是自然界中两种完全不同的景物，作者从抒发感情的需要出发，在特定环境中再现景物的特征。他先观察和描写了月下的荷塘，在这幅画里，月色是背景，荷塘是主景，那田田的绿叶，朵朵荷花，缕缕清香，都是在淡淡月光下呈现的特有风貌；接着又观察和描写荷塘的月色，在这幅画里，荷塘是背景，月色是主景，那流水般的月光，梦似的树色，隐约的远山，都是荷塘上的月色透过叶、花、树呈现出的特景。荷塘与月色，既自为主景，又互为背景，上下结合，互相映衬的写法，把景物表现得更生动、更形象、更富有特色，作者的感情表达得更充分、更完美。

二、善于处理情与景的关系

朱自清写景之所以无限动人，还在于善于处理情与景的关系。那么到底是写景还是抒情呢？"情、景名为二，而实不可离。神于景者，妙合无垠。巧者则有情中景，景中情。"朱自清写景，正有此妙处，达到"一切景语，皆情语也"（王国维《人间词话》）的艺术境地。在描写中融情于景，借景抒情，情景交融，使写景与抒情水乳难分，臻于化境。

触景生情。自然景物和它的变化，触发了作者的联想，引起和触动了读者内在的思想感情。《匆匆》就是一篇触景生情抒心声的佳作。冬去春来，花木荣枯，人的青春一去不复返，这是人们习以为常的现象，但诗人触景生情联想到韶华易逝，青春难再，不甘虚掷光阴"匆匆"而过，极想有所作为，《匆匆》抒写的就是这种感受。"赤裸裸来到这世界，转眼间也将赤裸裸的回去罢？但不能平的，为什么偏要白白走这一遭啊？"隐含在作品里的就是这种爱惜时光、不甘虚度、力求上进的精神。

借景抒情。边写景边抒情，情与景相映成趣。《春》通过盼春、描春、颂春的抒写，细致地描绘了春草、春花、春风、春雨的自然美所蕴含的诗意美，赞美了春的无限活力给予人们的喜悦与希望，作者借景抒情，酣畅地抒发了对美好春天的热烈向往和憧憬，激励人们为追求美好春天而奋发向前的勇气，创造了清新隽永的意境。

融情入景。把感情含蓄地融注在景物描写之中，是抒情和描写的高度结合。在《春》里句句是景语，句句也是情语，通篇绘景，通篇也是抒情，那花草、树木、风雨，无不渗透着作者对于春天的到来而勾起的无限喜悦的情绪，而显得"气韵生动"。在《荷塘月色》中，作者精心描绘荷塘、月色，把自己的情思寄托在美景之中，作者的感情和景物的色彩融合无间，清丽、晶洁娇美的荷花，素淡、朦胧、恬静的月光，字字含情，句句蓄意，赞美荷花出污泥而不染，讴歌月亮的洁白明净，寄寓着洁身自好，不与恶势力同流合污的情怀。他笔下的幽美宁静的"荷塘""月色"，正是曲折细腻地反衬自己心情的"不宁静"，反映他对自由、宁静生活的向往，从而达到了情景交融的意境。朱自清的另一篇文情并茂、脍炙人口的名篇是《桨声灯影里的秦淮河》，在那桨声灯影里，我们看到抹上了浓郁的感情色彩的秦淮河风光，那月光、水色、灯影，都倾注着作者对现实深切的感受。此文写于1923年，当时正处五四运动落潮期，作者思想十分苦闷，于是沉醉在"那晃动着蔷薇色的历史的秦淮河里"，听那悠然的间歇的"汩——汩"的桨声，追怀历史的艳迹，尽情享受那迷人的景色，这正是作者企图摆脱苦闷，追求暂时宁静的心情的曲折反映，但秦淮河上的歌妓搅乱了作者的梦境，使他又回到现实中来，景因情移，"不安的心在静里愈显活跃了"，最后"船里便载着怅惘了","心里充满了幻灭的情思"。从神往憧憬"美梦"开始，到"梦醒""充满幻灭"结束，真切地反映了作者无法摆脱现实烦恼的痛苦矛盾的情绪。

三、语言优美

诗情画意只有通过优美的语言才能体现。为使写景必豁人耳目，抒情必沁人心脾，朱自清喜欢用叠字、叠词、叠句来深化物态情貌的形象感，增强语言的描绘力、音乐性和感情色彩。仅《荷塘月色》一文，就用了 26 个叠字、叠词，有二字叠（AA）、三字叠（ABB）、四字叠（AABB）。如用"田田"形容荷叶的密度，用"蓊蓊郁郁"写树木的繁茂，"远远近近，高高低低"是远近高低的连用，写荷塘四面树丛之茂密，都产生了鲜明的直观效应。当然叠字要用得恰到好处，如在"是一条曲折的小煤屑路"和"曲曲折折的荷塘上面"里，一处用"曲折"，一处用"曲曲折折"，这两个词语不能互换，用"曲曲折折"形容小路就过分了，用"曲折"形容塘岸，描绘力就不够了。在《绿》中，写梅雨潭不用"花花"而用"花花花花"，不仅摹拟了水声，而且示人以水流之态势，不用"潮湿"，而用"湿湿"，恰切地表达了水流对山岩两边的日浸月润。四溅的瀑流像梅花，因此是"朵朵""纷纷"地落着。写梅雨潭绿水则一碧"汪汪"水，波"闪闪"，水光"滑滑"，水色"清清"，十分确切而鲜明地表现了潭水千姿百态的景象。在《春》里，运用叠句"盼望着，盼望着，东风来了，春天的脚步近了"，显示出盼春已久的急切心情。这些形态多样的叠字、叠词、叠句，不仅富有表现力，使自然景色具体而丰富，而且音韵铿锵，韵律动听，给人以一种声情并茂的音乐美的享受。

写景之难，难在不落俗套而有创见，朱自清写景贵在能体察出别人见多而未见出者，写出别人用笔而未达到者，并且把自己的真情实感毫不掩饰地渗透在形象之中，读其文，如见其人，如闻其声。可见为文的根本还在于为人，性情不到，不管如何堆砌词藻也是不成的。正如郁达夫所说："他的散文不但'美'更富有至情和风趣,而这一切又和他的人格分不开的。他那么诚恳、谦虚、温厚、朴素而并不缺乏风趣。"朱自清笔下的自然美源自他的人格美,读他的写景抒情散文,我们便获得这样的感受,岂止是"人间能得几回闻",简直是"此曲只应天上有"了。

‖作品来源‖
《宁波高等专科学校学报》2000 年第 1 期。

浅析朱自清散文中的美感体现

赵　西

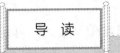

> 朱自清先生的散文就如同一幅山水画，高低不同的山峰如同一首首乐曲，时而和缓，时而澎湃；也如一个美女，淡妆浓抹总相宜。作为在中国文学发展史上有着影响力的散文家，朱自清先生用一行行的真情，用优美的文字来呈现自己的唯美思想。

在中国文学的发展史上，朱自清先生是一位成就卓著的散文作家，可以说他的散文影响了几代人。他以至情妙笔，独特的美文风格，通过对一些细节的捕捉和描述，表达出了对大自然的热爱，对世间真、善、美的追求和向往，对人生境遇的感叹。通过散文中美丽的文字，真挚的情感传达出来的美感，使人们能够感受到温暖的力量，并陶冶在这浓郁的人情美的氛围中。朱自清的散文至情至性，大爱大美，这种美感包含着善意和智慧，带给人一种向上的力量。同时，这种美感也表现了中国传统文化中的纯美，还有自然环境中与社会关系中一种极为和谐的美。而他散文中的美感体现不是耳提面命，咄咄逼人，而是"润物细无声"

一、情致美

王国维《人间词话》中提到："一切景语皆情语。"也就是说，一切描写的文字都是作者表情寄意的载体，都必须为文章所要表达的情感服务。

所以，情感才是一篇文章的根源，也是一个人创作的源泉。古人云："诗从肺腑出,出辄愁肺腑。"文章的美更多是在于其"诚挚的灵魂和真挚的情感"，而不是用华丽的辞藻来堆砌。朱自清的散文之美，就是一种恰好的情味，一种表现上的极致。

（一）情感真挚

朱自清先生的叙事抒情散文，语言清淡，叙述平易近人，却道出了人间真情。读《背影》，满是感动，人们总是称赞母爱，温情、温馨、温暖，可《背影》中父爱同样伟大。父亲如山,沉默中挺立着坚韧的品格;父亲如海,浩瀚中酝酿着宽容的性格。生活中平凡的东西同样光辉灿烂，例如，"我看见他戴着黑布小帽，穿着黑布大马褂，深青布棉袍，蹒跚地走到铁道边，慢慢探身下去，尚不大难。可是他穿过铁道，要爬上那边月台，就不容易了。他用两手攀着上面，两脚再向上缩;他肥胖的身子向左微倾，显出努力的样子"，有无尽的心酸，无尽的温情，无尽的感动。尽管是一件非常普通的事情，一个非常平凡的背影，却是引起了许多人的共鸣。这源自真情。这也恰恰是朱自清散文的魅力所在，感情委婉、细腻、真切，有别于周作人的冲淡，俞平伯的缠绵，徐志摩的矫饰，而有自己独特的风格:抒情、真挚、质朴。

（二）匠心构思

散文能够散发美丽的主要特征就是缜密精巧的构思。朱自清的散文在构思上是十分讲究的，无论是结构、语言还是情节上，都是布局合理，行文缜密严谨，活泼巧妙。例如《荷塘月色》的布局上面，因为心情不宁静，引发了他想去荷塘，从而改善心情，心情随着地点和环境的改变而改变，而当落脚点依然是家中时，心情依旧。景物描写上也是如此，几笔便将荷塘四周的轮廓勾勒出来，给人塑造出比较清晰的印象。到作者真正用力描写荷塘月色时，十分巧妙地写了荷塘的月色、荷叶、荷花以及荷花的形、色、香。写到月色:月光如流水，叶子、花朵儿在柔和的月光中做着美丽的梦。

这种境界是美的，写法也是层次分明的。正是因为有了这样层次分明的结构，才使读者随着作者的引导，步步深入地欣赏静寂的荷塘下的美丽月色，如果没有这样精巧的结构，读者也就不可能在作者的引导下欣赏到"月光如流水一般，静静地泻在这一片叶子和花上"如此美丽的月色了。

（三）立场气节

近代的散文超越古代散文的一个明显的标志，就是散文越来越走向大气。写小山小水抒发个人悲欢的"小景"散文已越来越少，更多的倾向于思考各种大命题（时代、国家、民族、开放、改革、制度等）。大气是一种理性精神，一种博大的情怀，一种人格智慧的闪光。而朱自清作为这一时期散文的代表作家，也不再像以往沉湎于"过去时态"的回忆或以闲适的"隐士情调"为最高旨趣，而是注重个性和"自我"色彩，进而体现对国家，社会以及广大劳动人民命运的一种思考。例如《白种人——上帝的骄子》等就是鲜明的爱国主义文学作品。"这是袭击，也是侮蔑，大大的侮蔑！我由于自尊，一面感着空虚，一面却又感着愤怒；于是有了迫切的国家之念。我要诅咒这小小的人！"从中，明显可以感到朱自清先生对国家的尊重，一个对中国人进行侮蔑的人是可耻的，是没有种的。

再比如《论诚意》《论青年》《论气节》《论吃饭》等，虽然数量不多，但谈的都是现实问题，思想激进，锋芒毕露，光彩熠熠。其思想特点是积极自觉地站在人民的立场上指点东西，发表议论。《论吃饭》充分肯定农民"吃大户"的正义举动，赞扬他们反饥饿、反压迫的政治觉悟和敢于反抗的集体意识。文章说古而论今，字里行间充满了鲜明的政治色彩。

🌀 二、诗意美

中国的诗词讲究意境美。而优美的散文不仅可以抒发真情实感，还可以是接受者的一种享受，从不同的角度引起各种不同的审美情趣，陶冶广大读者的审美情操。而朱自清作为一个生活在江南的才子，每天陪伴他的是清风柔柔，远山含黛，而那如烟多情的江南风景是人文和故事的集结地，到处是白墙瓦黛，翠柳如烟，古香的油纸伞。文由心生，环境的熏陶也致使朱自清成为一个唯美主义者。所以，他不仅仅在自己的散文里描述了美，同时也融入了自己的感情，表达了自己对美的独特理解。细品朱自清的散文，如听一首淡雅的乐曲，欣赏一幅山水画。

（一）音乐美

读朱自清的散文，就如同听一首乐曲，朗朗上口，错落有致，和谐悦耳，如同《诗经》中原始而又美丽的爱情，有时也有《离骚》中的荡气回肠。总之，具有诉诸听觉形象的那种音节美和旋律美。

首先在朱自清的散文中，总是用大量的叠词、双声词和叠韵词，这些词的作用除了和谐之外，又可调节音节的波动性，从某种意义上构成了完整的音乐旋律。

例如《春》，利用第一人称的角度，感受到了初春时的快乐气氛，"桃树，杏树，梨树，你不让我，我不让你，都开满了花赶趟儿"，利用对春暖花开中花争相开放的景色，将春的那种激情表现得淋漓尽致。此外，"轻轻""悄悄"等叠字的反复运用，除了给人一种清新自然的美丽，也加入了韵的节奏，时而欢快，时而汹涌，时而静谧，时而奔放，描写得那么美好，那么恬美，那么快乐。再如"像母亲的手抚摸着你"，"都在微微润湿的空气里酝酿"，将春风中的特点一一展现在我们的面前。连春雨，作者都将其写出一种意境美，说它"像牛毛，像花针，像细丝，密密地斜织着，人家屋顶上全笼这一层薄烟"。从"薄烟"一词可以看出作者不仅抓住春雨细小的特点，还写出了美感，一种来自音韵的美感。最后，作者以"春天像健壮的青年，有铁一般的胳膊和腰脚，他领着我们上前去"结尾，不仅将春天的奋发向上体现出来，更显示了作者呼吁人们在新春之际，要各做各的一份事，不要止步不前。

（二）绘画美

《荷塘月色》宛如一幅色调朦胧的水墨风景。《荷塘月色》作为一篇脍炙人口的抒情散文，之所以被许多人传诵，甚至于影响几代人，主要在于作者以饱蘸着感情浆液的彩笔去描画荷塘和月色。他是用情用爱在研磨，将月色下的荷塘和荷塘上的月色，笼罩在自己的深情话意下。在这幅画里，月色是背景，荷塘是主景，而作者的心情则是笔墨；他画出了荷塘的种种芳姿，风送荷香的醉人，以及风戏荷叶的标致。这又是一幅可以流动的画，心情依旧，主景和背景发生了调换；他写了如轻纱一般的月色，写了月光中投射在荷塘上的树影。二者交相辉映，组成了和谐的画面。他正是将自己内心的情感寄托于荷塘月色之中，创造出一幅宁静、清幽而又诗情荡漾的水墨画。

朱自清先生用一生来追求美。他的散文在用词上不免精雕细琢，娴熟的技术使他脍炙人口的佳作更加有力、优美。他善于抨击、打击黑暗社会；也善于写出情景交融、给人以身临其境般感觉的作品。因此，称他是文学界一颗夺目的明珠一点也不为过。

作品来源

《时代教育》2016 年第 5 期。

敬　启

　　《中外文化文学经典系列》是由常汝吉、李小燕主编，众多一线教师参与选编的一套大型的中学生阅读指导丛书，旨在提高中学生文学素养，使他们能从多角度了解这些文学经典著作，引导他们建立发散性的阅读思维，让他们了解中外文化文学经典著作的深刻精髓，终身受益。

　　本丛书在选编过程中，得到许多著作权人的理解和支持，欣然允诺我们选编，在此表示衷心的感谢。由于本丛书选编工作量浩大，涉及著译者甚广，我们实难一一查实。恳请本书中我们未能及时取得联系的著译者理解我们的求全之心，以免本书有遗珠之憾。为保护著作权人的合法权益，我们将稿酬专账暂留我社，敬请相关作者与我们接洽并给予谅解。

联系人：王老师

电　话：010-64251036

现代教育出版社

2019 年 6 月